복수의 하나님?

-원수시편 이해-

에리히 쨍어 지음

이일례 옮김

대한기독교서회

구약사상문고 8

복수의 하나님?

– 원수시편 이해 –

2014년 3월 20일 초판 1쇄

지은이/에리히 쨍어
옮긴이/이일례
펴낸이/정지강
펴낸곳/대한기독교서회
편집책임/하미자

등록/1967년 8월 26일 제1-77호
주소/135-882 서울시 강남구 테헤란로 103길 14(삼성동)
전화/편집 553-0873~4, 영업 553-3343
팩스/편집 3453-1639, 영업 555-7721
e-mail/cls1890@chol.com
edit1890@chol.com
http://www.clsk.org

직영서점/기독교서회
종로 5가 기독교회관 1층, 전화 744-6733, 팩스 745-8064

값/13,000원 책번호/2043
ISBN 978-89-511-1696-4 94230
ISBN 978-89-511-1426-7 (세트)

Ein Gott der Rache? Feindpsalmen verstehen
taken from Psalmen: Auslegungen in zwei Bänden

by Erich Zenger
tr. by Lee Il Rye

복수의 하나님?

-원수시편 이해-

구약사상문고를 내면서

구약성서의 세계는 오늘날 우리가 보는 것과는 매우 다른 모습을 갖고 있습니다. 그리하여 구약성서가 21세기에도 여전히 우리에게 권위 있는 말씀으로 살아 숨쉬기 위해서는 전문가의 도움이 필요합니다. 그래서 "한국구약학연구소"(Korea Institute for Old Testament Studies)는 구약성서가 현대인을 살리는 하나님의 살아 있는 말씀으로 선포되는 일에 헌신하고자 합니다.

"구약사상문고"(Old Testament Thoughts Library)는 현대인에게 구약성서를 친숙하게 전달하기 위한 목적으로 기획되었습니다. 이 문고를 통해, 저명한 국내외 구약학자들의 전문성 혹은 대중성을 가진 최신 연구 성과물과 그 번역물을 소개하려고 합니다. 이러한 노력으로 구약성서의 깊이 있는 메시지가 세상에 널리 전파되기를 소망합니다.

"한국구약학연구소"의 새로운 프로젝트에 감사하게도 구약 각

분야의 탁월한 전문가들과 대한기독교서회가 적극 지원하기로 하였습니다. 특히 한국 교회와 신학의 발전을 위해서 1세기 넘게 헌신하고 있는 대한기독교서회의 결단에 깊이 감사하며, 문서선교를 통해 하나님의 나라가 확장되기를 기대합니다.

한국구약학연구소장, 구약사상문고 기획위원장 차준희

기획위원 [가나다순]

강성열(호남신학대학교)
김윤희(횃불트리니티대학원대학교)
김은호(한국성서대학교)
김창대(안양대학교)
김 회(에스라성경대학원대학교)
류호준(백석대학교)
박경철(한신대학교)
박신배(그리스도신학대학교)
서명수(협성대학교)
오택현(영남신학대학교)
유윤종(평택대학교)
이승현(대전신학대학교)
이희학(목원대학교)
장세훈(국제신학대학원대학교)
정석규(한영신학대학교)
조휘(아세아연합신학대학교)
천사무엘(한남대학교)
권혁승(서울신학대학교)
김은규(성공회대학교)
김지찬(총신대학교)
김태훈(한일장신대학교)
김회권(숭실대학교)
민경진(부산장신대학교)
박동현(장로회신학대학교)
박철우(나사렛대학교)
안근조(호서대학교)
왕대일(감리교신학대학교)
이경숙(이화여자대학교)
이형원(침례교신학대학교)
장석정(관동대학교)
전성민(웨신대학원대학교)
정중호(계명대학교)
차준희(한세대학교)
최기수(성결대학교)

역자 서문

에리히 쨍어(Erich Zenger)는 독일 웨스트팔렌 뮌스터 대학의 구약학 교수였다.(1939. 7. 9 돌른쉬타인- 2010. 4. 4 뮌스터) 구약학계에 특별히 시편연구 분야에서 발휘한 그의 영향력은 가히 세계적이다. 무엇보다도 시편연구에 두각을 나타낸 에리히 쨍어는 시대적 논쟁이 되는 시편의 주제들을 4권의 시리즈, *Psalmen. Auslegungen 1-4: Mit meinem Gott überspringe ich Mauern-Einführung in das Psalmenbuch, Ich will die Morgenröte wecken- Psamenauslegungen, Dein Angesicht suche ich, Ein Gott der Rache? Feindpsalmen verstehen*에서 다루고 있다.

이 책은 에리히 쨍어의 시편해석 4권의 시리즈 중 네 번째 책 *Ein Gott der Rache? Feindpsalmen verstehen*을 번역한 책이다. 그는 개인 탄원시에 속해 있는 저주시편과 복수시편을 역사비평과 정경비평을 통해서 새롭게 해석하며 기독교가 시편을 해석하는 과정에서 빚어낸 오류의 역사를 지적하고 그 올바른 방향을 안내하고 있다.

저주시편과 복수시편에 반영되어 있는 시인, 원수 그리고 하나님과 유기적 관계는 고난과 두려움, 폭력과 트라우마, 그리고 미움과 복수의 관계 현상들로 표현되어 있다. 이러한 사실은 우리를 어렵지 않게 경직시킨다. 그러므로 기독교는 이 시편들을 유대교에서 발생된 본문으로서 파악하고 유대교와 기독교 사이의 단절(Diskontinuität)을 강하게 주장하였다. 저주시편과 복수시편은 하등한(inferior) 구약성서의 한계로 지적받았을 뿐만 아니라 존속의 위기까지 힘겨운 역사의 터널을 지나왔다. 에리히 쨍어는 이러한 기독교 역사의 배경을 지적하면서 저주시편과 복수시편에 관한 기존의 관점들이 성서적 관점에서 정당한지를 통찰력을 가지고 묻고 있다.

저주시편과 복수시편의 기독교적인 기도로서 적합성 문제와 관련하여, 기독교는 시편의 본문을 부분적으로 삭제하며 훼손하는 신학적 오류를 실제로 범했고, 이를 통해 '기독교적 정신'(verchristlicht)과 조화를 꾀하려는 시편 오용의 어두운 흔적을 기독교 역사에 남겼다. 에리히 쨍어는 이를 지적하면서 시편 자체에 대한 통찰을 통해서 저주시편과 복수시편에 나타나는 시인의 복수심을 재해석하고 있다.

에리히 쨍어가 지적하는 것처럼 우리는 복수시편에 나타나는 원수들을 증오하는 시인의 표현을 시인의 상황과 관련하여 시인의 언어로 읽어야 한다. 시인은 죄 없이 속수무책으로 희생될 죽음의 위협 속에 있다. 원수들의 비방과 위협, 부패한 사회 정치 구조와 경제의 붕괴로 인한 상실감, 이 모든 것을 그를 파괴시키는 원수들의 거짓과 증오로 느끼고 있다. 이러한 절대 절명의 고난의 상황에서 시인은 한편으로는 그의 절망과 무력함을 탄원하고, 다른 한편으로는 인간을 멸시하고 하나님을 모독하는 원수의 폭력을 하나님 앞에서 거침없이 고발하고 있다.

실제로 이 시편은 신성모독적인 폭력에 저항하는 시인의 삶을 위한 희망의 노래이다. 고난 속에서 원수들과 원수들에 대한 두려움을 폭력 없이 견디어 내도록 돕는 기도이며 노래이다. 시인은 원수들을 증오하는 그의 모든 격앙된 복수의 감정을 시편을 통해서 하나님께 철저히 위임하고 있다. 시편에 나타나고 있는 하나님에 의한 보복에 대한 전의(轉義)는 개인의 보복에 대한 포기를 내포하고 있다. 이것은 또한 원수시편이 전승하고 있는 성서 전체에 흐르고 있는 신앙(Kontext)이다.

그러므로 저주시편과 복수시편은 기도의 교리적 교훈을 제시하는 것도 아니고 성서의 윤리에 대한 요약도 아니다. 그것은 폭력의 행위자를 폭로하는 기도이다. 폭력의 희생자들이 폭력의 행위자들에게 정의의 외침을, 하나님의 징벌을 탄원함으로 인간의 존엄성과 신앙을 지킬 수 있도록 하는 기도이다.

하나님께서는 우리가 고난 가운데 있을 때 우리의 모든 삶의 언어로 담아내는 진솔한 절규를 듣기 원하신다. 이것은 실제적이며 살아 있는 경건이기 때문이다.

이 책을 번역하기 시작할 즈음 차준희 교수님께서 대한기독교서회에서 출판할 것을 알려주셨다. 그때의 기쁨은 여전히 마음에 두고 있는 행복한 기억이다. 망설임 없이 신뢰해주신 차준희 교수님께 감사한다. 또한 원고에 대한 글들을 상의해주시고 수정해주신 대한기독교서회 하미자 차장님의 도움은 좋은 친구가 주는 즐거움과 같았다. 하미자 차장님께 진심으로 감사한다.

2014년 1월

이일례

차례

▪ 구약사상문고를 내면서 / 5

▪ 역자 서문 / 7

서언 / 15

I. 다양한 문제들 / 19

1. 분노와 반발심을 일으키는 시편 / 19
2. 시편 전체에 나타나는 원수들 / 36
3. 기독교 안에서 일어나는 항의와 거부 / 43
4. 인간 윤리와의 모순 / 62

II. 의미 없는 답 / 67

1. 무시 또는 수정 / 67
2. 제 2바티칸 공의회 논쟁 / 73
3. 1971년 로마의 결정 / 80
4. 설득력 없는 논증 / 84

5. 원수시편과 복수시편의 해석학적 곤혹스러움 제거? / 99

III. 시편 자체에 대한 통찰 / 111
1. 시편 12편: 인간의 폭력에 대한 저항 / 113
2. 시편 139편: 구조적 폭력에 대한 열정적 투쟁 / 118
3. 시편 58편: 의와 정의를 위한 탄원 / 129
4. 시편 83편: 하나님을 대적하는 곳에서 하나님을 위한 증언 / 139
5. 시편 137편: 무력한 자들에게 머무는 것 / 157
6. 시편 44편: 폭력적인 하나님 형상의 변화 / 165
7. 시편 109편: 그들은 이유 없이 나와 싸웁니다 —그러나 나는 기도합니다 / 173

IV. 원수시편과 복수시편의 해석학을 위해서 / 187
1. "… 산 자와 죽은 자를 심판하시러" / 188
2. 그러므로 여전히: 복수의 하나님? / 198
3. 역동적인 세계관과 세계에 대한 실제적인 관점 / 207
4. 시로 이루어진 기도 / 213
5. 복수시편 — 하나님의 계시? / 221

V. 실천을 위한 결론 / 235

1. 예배 기도에서 탄원의 재생 / 235
2. 상황의 시로서 시편을 가르치고 재연하기 / 241
3. 원수시편을 정경으로 낭독한다 / 245
4. 새로운 기도언어와의 충돌 / 250

■ 참고문헌 / 253

서언

우리는 구약성서의 시편에서 '적개심'과 '폭력'이 가득 찬 세계를 만날 수 있다. 이곳에서 시인의 원수는 다양한 모습들로 나타난다. 시인은 원수에 대한 두려움을, 무엇보다도 하나님에 대한 두려움을 저항하고 부르짖는다. 그렇다! 그는 자신을 위협하는 하나님을 원수로 규정하고 동시에 그에게 탄원한다. 또한 시인은 두려움과 그 두려움으로부터 산출된 원수의 형상과 싸운다. 그러므로 공격적인 원수들의 모습 속에서 파괴성을 찾아내고, 그들을 건설적인 힘으로 변화시키는 것이 "원수시편"(Feindpsalmen)이 나아가야 할 길이다. 이 책의 논지는 기독교에서 대부분 오인하고 간과해온 시편의 고유한 특징을 이해시키고 흥미를 불러일으킨 점이다.

최근의 '폭력'에 대한 새로운 연구는, 원수의 형상에 대한 질문이 인류학과 사회학에서 핵심의 한 부분이 된다는 사실을 다양하게 부각시켰다. 예를 들면 정신분석학자 테아 바우리들(Thea Bauriedl)은 이와 관련하여 그의 책 『폭력 밖으로의 길: 관계 분석』(*Wege aus der Gewalt. Analyse von Beziehungen*, 프라이브르크, [2]1993)에서 다음과 같이 말하고 있다.

"몇 해 전부터 독일어권 영역에서 원수의 형상에—전투적이며 폭력적인 논쟁의 선구자로서 원수의 위험성과 이러한 위험성을 해체 해야만 하는 필연성에—대하여 빈번하게 언급하여 왔다. 대체 원수의 형상이 무엇일까? 우리에게 원수의 형상에 대한 이해가 무엇 때문에 필요한 걸까? 개인에게서 또한 집단이나 공동체에게 어떻게 원수들이 발생하는 것일까? 서서히 형성되는 원수의 형상에 기여하는, 하나의 개체 혹은 집단의 정신적인 성향이 존재하는 것일까? 이러한 정신적 성향은 어떻게 생성되는 것일까? 또 어떻게 변화되는 것일까? 이 모든 질문들은 정치적 정신 심리학과 관련하여 분석된 질문이다. 정치적 정신 심리학이 제시하는 해결책은 적의 형상을 무력화하고 철폐하기 위한 호소를 넘어선다. 왜냐하면 이 질문의 대답들은 모든 인간이 지니고 있는 메카니즘 이해에 도움이 되기 때문이다.

원수의 형상이 다른 사람들의 경우처럼 우리 경우에도 언제나 위협적인 고난으로 밀려온다는 사실을 이해하는 경우, 두려움이 위협으로 다가올 때 사람들은 이러한 두려움을 가치절하 하거나 혹은 적대감을 품은 환상으로 반응한다. 그러나 우리는 더는 원수의 형상에 대항하여 또 다른 원수의 형상을 만들어낼 필요가 없다. 왜냐하면 점점 더 계속되는 평가절하와 적대감을 통해서 불행이 지속되기 때문이다. 오히려 그 대신, 우리는 우리 스스로와 다른 이들을 이런 불행한 상황에서 도울 수 있는 더 쉬운 길을 찾을 수 있다.

원수의 형상을 철폐하기 위해서 선입견을 수정하는 것, 다시 말해서 오류를 밝혀 규명해내는 것이 중요하다. 원수의 형상이란 개념은 원수의 형상을 발생시키는 실체와 '원수'의 관계형태를 표현한다. 당연히 현실의 상황 속에 존재하는 이 원수는 실제로 위험하다. 왜냐하면 우리는 실제로 이런 관계성 속에서 위험에 당면하기 때문이다. 우리가 원수의 형상을 정해진 관계의 표현으로 이해한다면, 원수의 형상을 해결하기 위해서 다루어야 할 주제는 **오류를 밝혀 규명해내는 것이 아니라, 관계의 구조를 수정하는 것이다**(p.19, 28f.)."

시편은 고통을 야기시키며 두려움을 양산시키는 폭력을 관계현상들로 표현하고 있다. 시로 구성된 기도문인 시편은 폭력을 제어하는 언어를 매개체로 폭력으로부터 벗어나는 길로 안내한다.—하나님을 거스르고 삶을 파괴하는 폭력에 대하여 "복수의 하나님"께서는 그와 같은 것을 폭로하고 폭력 없는 삶에 대한 비전을 바라본다.

당연히 성서의 시편은 이러한 하나님에 관해서 종종 곤혹스럽고 충격적인 방법으로 표현하고 있다. 특별히 소위 "저주시편"(Fluchpsalmen)으로 불리는 시편은 많은 기독교인에게 이해하기 어려운 수수께끼이다. [사실상 "저주시편"에는 원망보다는, 오히려 하나님께 열정적인 탄원, 청원 그리고 소망이 표현되어 있다.] 그러므로 공의회는 예배 형식에 적합하지 않다는 이유로 몇 편의 시편을 교회의 성무일도(Stundengebet)에서 제외시켰다. 교육을 빙자한 미개한 행위는 시편에서 많은 구절을 삭제함으로 시의 형태를 파괴하였다. 나는 이 책에서 왜 이러한 검열이 불필요한 것이며 수용될 수 없는 것인지 제시하고자 한다. 무엇보다도 나는 어떻게 "저주시편"이 우리가 살아가야만 하는 폭력의 세계에서 우리를 절망하지 않도록 그리고 깨어져 무너지지 않도록 도울 수 있는지 보여줄 것이다.

뮌스터 대학에서 첫 언약/구약성서의 역사와 종교사를 위한 세미나에서 함께 공부하고 연구한 사람들의 도움으로 이 책이 출판될 수 있었다. 울리케 홈베르그(Ulrike Homeberg), 베네딕트 위르겐스(Benedikt Jürgens), 레시 코슬로스키(Resi Koslowski), 일제 뮐르러(Ilse Müllner), 요한네스 리엔액커(Johannes Rienäcker) 그리고 베티나 바그너(Bettina Wagner)에게 수정된 글로 탈고하여 출판할 수 있도록 도운 것에 감사한다.

에리히 쩅어

I. 다양한 문제들

1. 분노와 반발심을 일으키는 시편

우리는 망설임 없이 첫 언약의 책 시편을 세간(世間)의 시문학작품과 비교할 수 있다. 그들의 언어와 묘사방법은 수백년을 넘어서－하나님께 대한 탄원과 찬양, 청원과 감사, 의혹과 통찰을 통해－사람들의 마음과 입을 열어왔다. 성서의 시편은 시인과 음악가를 고양시켰다. 안토닌 드보락(Antonin Dvorak)의 "성서의 노래들"과 이고르 스트라빈스키(Igor Strawinsky)의 "시편-교향악" 그리고 하인리히 슈츠(Heinrich Schütz)의 "시편-경문가"(Motette), 마지막으로 루드비히 반 베토벤(Ludwig van Beethoven)의 "시편-작곡"은 시편의 본래적인 힘으로부터 생겨났다. 특별히 교회의 사회화를 통해서 퇴색되지 않은 사람들은 시편을 통한 특별한 경험들을 지니고 있다. 루드비히 스트라우스(Ludwig Strauss)는 이러한 경험을 다음과 같이 표현하고 있다. "성서의 시들은, 하늘의 바람과 이야기를 나누던 태고시절 올리브 나무 그늘 속처럼, 우리가 들어갈 수 있는 생동감 있는 공간이다."[1] 우리시대에도 시인들은 계속해서 시(Psalmen)를 썼다. 현대의 시들은 더는 종교적인 서정시이기를 원하지 않는다. 이제 경건하게 개작된 시들은 거의 존재하지 않는다(기독교적인 개작은 사라졌다). 베르트 브레히트(Bert Brecht)[비교: 그의 아우스브르크 시들(Gedichte)]와 파울 켈안(Paul Celan)[비교: 그의 시집에 있는 "시", "누구의 장미도 아닌"], 잉게보르그 바흐만(Ingeborg Bachmann)[비교: 시(Gedicht) "커다란 곰의 포효" 또는 "시"] 그리고 에른스토 카르데날(Ernesto Cardenal)[비교: "라틴 아메리카의 시들"]은 성서 시편의 형식적인 요소들과 은유들을 지적하며, 전승된 언어가 파괴된 상황에서 사회 문화 종교비판을 위한 신뢰할만한 비전의 새로운 언어로, 시편 안에 살아 숨 쉬는 고갈되지 않는 시적인 역동성을 그들의 작품으로 증명해주고 있다.

시편을 통해 그 안에서 누구보다도 하나님의 백성 이스라엘은 그들을 멸망시키려는 모든 시도에(기독교 역시) 저항하며 자신의 정체성과 생명력을 보호했다. 그리하여 기독교 신학 역사와 경건의 역사 속에서 시편은 단 하나의 유일한 자리를 차지하였다. 시편

1) K. Marti, *Die Psalmen 42–72. Annäherungen*(Stuttgart, 1992), 5를 인용하고 있다.

은 이사야에서뿐만 아니라 신약성서에서 가장 많이 인용되는 첫 번째 언약의 책(Ersten Testament)이다. 시편은 일찍이 수도사들의 기도로, 그 이후 기독교인들의 개인경건을 위한 중요한 역할을 감당했다. 시편과 그로부터 영향 받은 시편송(Psalmenlieder)은 종교개혁자들과 교회의 기본강령과 논쟁을 위한 중요한 시적 본문이 되었다. 시편의 구절은 세례문답(Korfirmation)에서 삶의 좌우명으로 사용되었다. 간혹 부고(Todesanzeige)를 위한 구절로도 사용된다. 교회의 성무일도(Stundengebet)에 관한 개선과 개혁에 대한 논쟁에서 제2차 바티칸 공의회는 시편이 성무일도의 핵심이 되어야 한다고 결정했다.

당연히, 많은 시편의 경우 그 시편들이 가지고 있는 매혹적이고 친화력 있는 영역에서도 몇몇 시편에 대한 이의(Widerspruch)[그리고 그것의 결과로서 부분적으로는 전체 시편에 대한 이의]는 전혀 함구되지 않았다. 이러한 모순이 단지 공의회 논쟁에서만 오해의 소지 없이 제시되었던 것은 아니다(s.u.II.2). 시편기도를 엄숙한 예배의식의 한 부분으로 수용하는 과정에서, 시편은 유감스럽게도 기독교적 관대함 혹은 기독교적인 판단으로 인해 자칫 간과할 수 있는 몇 가지 결점을 가지고 있다는 것을 지적하고 있다. 솔직히 나 자신도 시편에 관한 강연에서 그것에 관해서 경험한바 있다. 직접적인 시편인용을 하는 경우, 나의 신학적인 열정은 "저주와 복수 시편"에 관한 질문에 직면하게 된다. "기독교인으로서 이렇게 기도해도 되는가?(이 질문은 유대인 혹은 인간으로서 압제당하는 자를 의미하는 것이 아니다).”

다음에 인용되는 시편 구절들을 낭송하고 ‘하나님의 말씀’ 또는 교회에서 추천하는 기도로서 묵상할 경우, 여기에 표현되어 있는 모순, 오해 그리고 거부 등의 언어 사용은 얼마나 문제가 되는 것일까? 물론 이 경우 특별한 문제의 강도는, 각각 선택된 번역본에 따라 이러한 언어 사용도 서로 다양하다는 점이다. 그러므로 나는 예증을 위해서 각각 4개의 번역본을 다음순서에 따라서 인용하고 있다. (1) 통일된 번역, (2) 원본-루터 번역, (3) 1984년 수정 루터 번역(본문을 변경한 경우), (4) 마틴 부버 번역. 이 순서는 일반적으로 언어의 감수성이 고조됨을 암시하고 있다. 그러나 근본적으로 ‘번역의 문제’가 주제가 아니라 본문 자체에 표현되고 있는 ‘분노’가 주제이다.

나는 우리의 문제를 충분히 파악하고 문제의 다양성을 지속적으로 개진해 나가기 위해서 일곱 개의 예문(점차적으로 더욱 강도가 증가될 수 있다.)을 선택했다.

1) 예문: 시편 5:5-7

(통일된 번역)

당신은 불의를 기뻐하는 신이 아니시니;

범법자는 당신과 함께 머물지 못합니다.

자랑하는 자는 당신의 목전에 있지 못하니;

당신은 모든 행악 자를 미워하시기 때문입니다.

당신은 거짓말하는 자를 멸망시키며,

살인자와 속이는 자를 여호와께서는 질색하십니다.

(루터번역원본 = 수정 루터번역)

당신은 신을 부인하는 자를 기뻐하는 신이 아니시니;

사악한 자는 당신 앞에 머물지 못합니다.

자만한 자는 당신의 목전에 있지 못하니;

당신은 모든 행악하는 자의 원수입니다.

당신은 거짓말하는 자를 멸망시키며;

여호와는 피 흘리기를 즐기는 자와 속이는 자를 질색하십니다.

(마틴 부버)

당신은 범법자에게 관심을 두지 않는 신이시니,

악한 자는 당신 곁에 잠깐이라도 머물 수 없으며,

오만한 자들이 당신의 목전에 서지 못하며,

악의를 일삼는 모든 자를 당신은 미워하시며,

미혹하는 자를 당신은 사라지게 하십니다.

피흘리게 하는 행위와 거짓의 소유자를 당신은

질색하십니다.

2) 예문: 시편 41:11-12

(통일된 번역)

주, 여호와여 내게 은혜를 베푸소서;
내가 그들에게 복수할 수 있도록 나를 세우소서.
나의 원수들이 나를 이기지 못하므로;
당신이 나를 기뻐하시는 줄을 내가 알고 있습니다.

(수정되지 않은 루터번역)

주, 여호와여 내게 은혜를 베푸시고 나를 도우소서,
그렇게 나는 그들에게 대가를 치룰 것입니다.
동시에 나는,
나의 원수는 나를 환호하지 않고,
주님이 나를 기뻐하심을 알고 있습니다.

(수정 루터번역)

주, 여호와여 내게 은혜를 베푸시고 나를 도우소서,
그렇게 나는 그들에게 복수할 것입니다.
나의 원수는 나를 기뻐하지 않고,
주님이 나를 기뻐하심을 알고 있나이다.

(마틴 부버)

“그러나 당신, 주님이여 내게 은혜를 베푸소서!

나를 세우소서,

나는 그들에게 대가를 치룰 것입니다!”

나의 원수는 나를 환영하지 않고;

주님이 나를 기뻐하심을 알고 있나이다.

3) 예문: 시편 58:7-12

(통일된 번역)

오 하나님, 그들의 입에서 이를 꺾으소서!

여호와여, 사자의 이를 꺾으소서!

그들은 흘러가는 물처럼,

길가에 시들은 풀처럼,

소멸해가는 달팽이처럼 사라지며;

유산된 자처럼 그들은 햇빛을 바라보지 못해야 합니다.

가시나무 불이 가마를 덥게 하기 전에,

하나님은 원수들을 살아 있든 죽었든 쓸어버리소서.

만약 그가 복수하는 것을 본다면, 의인은 기뻐하며,

그가 그의 발을 범법자(Frevler)의 피에 씻습니다.

그러면 사람들은 말합니다. “의인은 그의 보응을 받으며;

땅 위에 판단하시는 하나님이 계십니다.”

(수정되지 않은 루터번역)

오 하나님, 그들의 주둥이에서 이를 꺾으소서!

여호와여, 젊은 사자의 이를 꺾으소서!

그들은 끊임없이 흘러가는 물처럼 없어질 것입니다.

그들은 그들의 화살로 조준하지만; 화살은 꺾어집니다.

소멸해가는 달팽이처럼 사라져야 합니다;

모체에서 기간을 채우지 못한 자처럼 그들은 햇빛을 바라보지 못합니다.

가시나무 불이 가마를 덥게 하기 전에,

화(Zorn)는 그들을 살아 있을 때 찢어버릴 것입니다.

만약 그가 이러한 복수(Rache)하는 것을 본다면,

의인은 기뻐할 것이며,

그리고 그가 하나님이 없다고 말하는 자들(Gottlosen)의 피에 그의 발을 씻을 것입니다.

그러면 사람들은 말할 것입니다: 의인은 그의 열매를 즐기며;

하나님은 땅 위의 판관이십니다.

(수정 루터번역)

오 하나님, 그들의 주둥이에서 이를 꺾으시고,

여호와여, 젊은 사자의 이를 꺾으소서!

그들은 흘러가는 물처럼 없어질 것이며,

그들은 그들의 화살로 조준하기 때문에, 그들은 화살로 인해 꺾어질 것입니다.
그들은 녹아버리는 밀랍(Wachs)처럼 사라질 것이며,
모체에서 기간을 채우지 못한 자처럼 그들은 햇빛을 바라보지 못합니다.
가시나무 불이 가마를 덥게 하기 전에,
불타오르는 화(Zorn)는 모든 것을 찢어버릴 것입니다.
만약 그가 이러한 앙갚음(Vergeltung)하는 것을 본다면,
의인은 기뻐할 것입니다.
그리고 그가 하나님이 없다고 말하는 자들(Gottlosen)의 피에 그의 발을 씻을 것입니다;
그리고 사람들은 말할 것입니다: 의인은 그의 열매를 수확할 것이며,
하나님은 땅 위의 판관이십니다.

(마틴 부버)
하나님, 오 하나님, 그들의 입에서 이를 가루로 만드시고,
당신이여! 사자들의 이를 꺾으소서,
그들은 사라져가는 물처럼 녹아내릴 것입니다!
그의 화살이 꺾어진 것처럼 그는 단지 순간입니다!
소멸해가는 달팽이처럼 그는 사라져야 합니다!
모체에서 기간을 채우지 못한 자처럼 그들은 햇빛을 바라보지 못합니다!
오히려 그들은 가시나무 덤불의 가시를 알게 될 것입니다;

그가 살아 있든 죽었든 쓸어버리소서.
신임을 얻은 자(Bewährte)는 기뻐할 것이며,
그는 (원수가) 처벌받는 것을 보았기 때문에,
그는 범법자(Frevler)들의 피에 씻을 것입니다.
사람들은 말할 것입니다: 확실히, 열매는 신임을 얻은 자에게 있고,
하나님은 살아계셔서,
땅 위에서 통치하시네.

4) 예문: 시편 79:10-12

(통일된 번역)

어찌하여 이방민족(Heiden)이 말하게 하리이까:
"너희 하나님이 어디 있느냐?"
당신의 종들이 피 흘린 것을 당신이 어떻게 갚아주시는지,
우리 목전에서 이방민족이 알게 하소서.
간힌 자의 탄식이 당신에게 이르게 하소서.
당신의 팔의 힘으로 죽음에 내 맡겨진 자를 구원하소서!
주여 우리 이웃이 당신에게 행한 그 모욕(Schmach)을 저희에게
칠 배나 갚아주소서.

(수정되지 않은 루터번역)

어찌하여 당신은 이방민족(Heiden)이 말하게 하십니까:

"너희 하나님이 어디 있느냐?"
당신의 종들이 흘린 피의 복수(Rache)를
우리 목전에서 이방민족이 알게 하소서,
갇힌 자의 탄식이 당신에게 이르게 하시고;
당신의 크신 팔의 힘으로 죽음의 아이들을 받으소서.
주여 우리 이웃이 당신에게 행한 그 헐뜯음(Schmähen)을 저희에게 칠 배나 갚아주소서.

(수정 루터번역)

어찌하여 당신은 이방민족(Heiden)이 말하게 하십니까:
"너희 하나님이 어디 있느냐?"
당신의 종들이 흘린 피의 앙갚음(Vergeltung)을,
우리 목전에서 이방민족이 알게 하소서.
갇힌 자의 탄식이 당신에게 이르게 하시고;
당신의 크신 팔의 힘으로 죽음의 아이들을 받으소서!
주여 우리 이웃이 당신을 헐뜯음(Schmähen)을 저희에게 칠 배나 갚아주소서.

(마틴 부버)

어찌하여 당신은 세상민족(Weltstämme)이 말하게 하십니까:
"너희 하나님이 어디 있느냐?"
당신의 종들이 흘린 피에 대한 징벌(Ahndung)을

우리 목전에서 세상민족이 알게 하소서,
당신의 얼굴 앞에 결박당한 자의 탄식이 이르게 하소서!
당신의 크신 팔의 힘으로 죽음의 아이들을 받으소서!

5) 예문: 시편 94:1-2, 22-24

(통일된 번역)

앙갚음(Vergeltung)하시는 하나님이여, 여호와여,
당신, 앙갚음하시는 하나님이여 빛을 비추어 주소서!
세계를 심판하시는 주여 일어나사,
교만한 자들에게 마땅한 벌을 주소서!
여호와는 나의 요새이시오,
나의 하나님은 내가 피할 반석이십니다.
그들의 불의(Unrecht)를 그들에게로 갚으시며,
그들의 악으로 말미암아 그들을 끊으시리니;
여호와 우리 하나님이 그들을 끊으시리로다.

(수정되지 않은 루터번역)

여호와여, 복수(Rache)하시는 하나님이여,
복수하시는 하나님이여 빛을 비추어 주소서!
세계를 심판하시는 주여 일어나사;
오만한(Hoffärtigen) 자들에게 마땅한 벌을 주소서!

여호와는 나의 요새이시오;
나의 하나님은 나의 안전한 피난처이십니다.
그들의 불의를 그들에게로 갚으시며,
그들의 악으로 말미암아 그들을 끊으시리니;
여호와, 우리 하나님이 그들을 끊으시리로다.

(수정 루터번역)

여호와여, 앙갚음(Vergeltung)하시는 하나님이여,
당신, 앙갚음하시는 하나님이여 빛을 비추어 주소서!
세계를 심판하시는 주여 일어나사;
오만한(Hoffärtigen) 자들에게 마땅한 벌을 주소서!
여호와는 나의 요새이시오,
나의 하나님은 나의 안전한 피난처이십니다.
그들의 불의를 그들에게로 갚으시며,
그들의 악으로 말미암아 그들을 끊으시리니;
여호와 우리 하나님이 그들을 끊으시리로다.

(마틴 부버)

징벌(Ahndung)의 하나님, 당신께서,
징벌의 하나님이여 빛을 비추어 주소서!
세계를 심판하시는 주여 일어나사!
오만한(Hoffärtigen) 자들이 인품 있는 자들로 돌아오게 하소서!

그러나 그는 나에게 보금자리요,
나의 하나님은 나의 구원의 반석이시라.
그들의 비열함을 돌이키시며,
그들의 악으로 말미암아 그가 그들을 침묵하리니,
우리 하나님, 그가 그들을 침묵시키리로다.

6) 예문: 시편 137:7-9

(통일된 번역)

여호와여, 예루살렘이 멸망하던 날 에돔 자손을 잊지 마소서;
그들이 말하였나이다: "헐어 버리라 헐어 버리라 그 기초까지 헐어 버리라!"
너 멸망할 딸 바벨론아!
네가 우리에게 행한 대로 네게 갚는 자가(heimzahlt) 복이 있으리로다!
네 어린 것들을 바위에 메어치는 자는 복이 있으리로다!

(수정되지 않은 루터번역)

여호와여, 예루살렘의 날, 에돔 자손을 기억하소서,
그들이 그때 말하였나이다: "치워 버리라 치워 버리라 그 기초까지 치워 버리라!"
너 멸망할 딸 바벨론아,
네가 우리에게 행한 대로 네게 앙갚음하는 자가(vergilt) 복이 있으리로다!

네 어린 것들을 돌에 메어치는 자는 복이 있으리로다.

(수정 루터번역)

여호와여, 에돔 자손을 잊지 마소서, 예루살렘의 날 그들이 말하였나이다:

"헐어 버리라 헐어 버리라 그 기초까지 헐어 버리라!"

딸 바벨론아, 너 파괴자(Verwüsterin),

네가 우리에게 행한 대로 네게 갚는 자가 복이 있으리로다!

네 어린 것들을 바위에 메어치는 자는 복이 있으리로다.

(마틴 부버)

당신이여, 에돔 자손을 기억하소서,

예루살렘의 날,

그들이 말하였나이다: "들추어 내라, 들추어 내라 그 기초까지 들추어 내라!"

딸 바벨론아 너 압제자여(Vergewaltiger)!

네게 값을 치룬 그가 무사하기를(Glückauf),

네가 우리에게 행한 대로 네게 이루어지기를(Gefertigtes):

네 어린 것들을 바위에 메어치는 자에게 무사함(Glückauf)이 있기를.

7) 예문: 시편 139:19–22

(통일된 번역)

하나님이여 주께서 반드시 악인(Frevler)을 죽이시리이다!
피 흘리기를 즐기는 자들아 나를 떠날지어다!
그들이 주를 대하여 악하게 말하며
주의 원수들이 주의 이름으로 헛되이 맹세하나이다.
여호와여 내가 주를 미워하는 자들을 미워하지 아니하오며,
주를 치러 일어나는 자들을 미워하지 아니하나이까?
내가 그들을 불타오르는 증오심으로 미워하니
그들은 나의 원수들이니이다.

(수정되지 않은 루터번역)

아 하나님이여 주께서 반드시 신이 없다고 말하는 자들(Gottlosen)을
죽이시고,
피 흘리기를 즐기는 자들아 나를 떠날지어다!
그들이 주를 대하여 헛되이 말하며,
주의 원수들이 까닭 없이 허풍을 떠나이다.
여호와여 내가 주를 미워하는 자들을 미워하오며,
주를 치러 일어나는 자들을 미워하나이다.
내가 그들을 심히 미워하니;
그들은 나의 원수들이니이다.

(수정 루터번역)

아 하나님이여 주께서 반드시 신이 없다고 말하는 자들(Gottlosen)을 죽이소서!
피 흘리기를 즐기는 자들아 나를 떠날지어다!
그들이 주를 대하여 헛되이 말하며,
주의 원수들이 파렴치한 행위를 일삼나이다.
여호와여 내가 주를 미워하는 자들을 미워하지 않으며,
주를 치러 일어나는 자들을 미워하지 아니하나이까?
내가 그들을 심히 미워하니;
그들은 나의 원수들이니이다.

(마틴 부버)

오 하나님이여, 주께서 악인(Frevler)을 꺾어 넘어뜨리소서:
"피 흘리기를 즐기는 자들아 나를 떠날지어다!"
그들이 주를 대하여 헛되이 말하며,
주의 대적들이 허황된 행위를 일삼나이다!
내가 주를 미워하는 자들을 미워하지 않으며,
내가 주에게 대항하는 자들을 미워하지 아니하나이까?
내가 그들을 모든 증오함으로 미워하니,
그들은 나의 원수들이니이다.

2. 시편 전체에 나타나는 원수들

몇 편의 시편들만이 반발심을 불러일으키는 것이 아니라, 시편 전체가 원수들과 폭력에 대한 표현 때문에 더러는 그들의 매력을 상실하는 것처럼 보인다.

인용된 시편의 예문과 전체 시편에는 인간 삶의 어떤 기본적인 전형(典型)이 스며들어 있는 것일까? 여기서 개인과 민족의 삶은 압도적으로 마치 날마다의 전투처럼 원수와의 전투로 보인다. 시인(Beter)은 거대한 규모의 군대에게 둘러싸여 위협받고 있는 것처럼 느낀다. 또 그들은 마치 사냥꾼의 덫에 걸린 짐승처럼 두려움을 느낀다. 혹은 그들은 게걸스러운 맹수와 난폭한 야생의 황소 또는 독을 품은 뱀에 둘러싸여 있는 것처럼 느낀다. 비록 근본적으로 보호와 평안에 관한 서정적인 분위기, 삶에 관한 서정적 갈채가 표현되어 있는 시편들일지라도, 돌연한 적대감, 추적당함 그리고 미움을 상기시키는 날카로운 불협화음이 그 사이를 비집고 들어오고 있다.

시편의 이러한 부분들을 읽거나 들을 때 고양되는 감성과 밀려오는 연상을 선입견 없이 받아들이기에는 비합리성과 모순을 느낄 수 있다. 비록 대부분 정의에 관한 상황 속에서 언급될지라도, 첫 언약의 하나님이 폭력적이며, 파괴적이며 그리고 복수에 찬 것처럼 보이기 때문에 놀라운 것은 사실이다. 이것뿐만이 아니다. 시인들은 그들의 하나님이 원수를 멸망시키는 것을 아주 의미심장하게 경험하기를 원한다. 여기서는 미움과 복수의 감정을 극복하는 것이 주제가 아니라 오히려 미움과 복수의 감정이 고조되는 것이 주제처럼 보인다. 이러한 묘사들은 사실 다양성이 요구되는 곳에서, 공격성을 드러내고 있으며 원수에 대한 환상을 만들고 있다. 시인 스스로 다른 관계의 가능성을 생각할 수 없기 때문에, 여기서 하나님에 대한 신앙이 원수에 대항하는 무기가 되며, 이로 인한 증오관계가 형성된다면, 이것은 합법화될 수 있는 것이 아닐까? 인간은—어떤 이유에서 항상—투쟁할 수 있고 화해할 수 있는 능력을 지녔기 때문에, 여기서 하나님의 투쟁을 확신하며, 그의 문제를 폭력의 하나님, 복수의 하나님에게 가져오게 되는 것이 아닐까?

만약에 누군가 시편 8:1-4에 나타나는 공격적인 전쟁의 분위기를, "인자"(Menschenkinder)를 큰 사랑으로 돌보는 세상의 왕 여호와의 인애에 대한 찬양과 대조적으로 이해한다면, 시편 8:1-4의 분위기는 모순적으로 느껴지지 않겠는가?(이 부분은 이미 그리스어 시편번역에서 좀 더 부드럽게 번역되었으며, 이러한 번역은 신약성서[기독교적인 번역]에서 널리 사용되고 있다. 비교. 마 21:16)

여호와 우리의 주여(당신 이외에 어느 누구도 없습니다!),
주의 이름이 온 땅에 어찌 그리 힘(machtvoll)이 있는지요!
당신은 당신의 영광을 하늘 위에 펼쳐놓았습니다.
새로 태어난 아이와 젖먹이의 입으로
당신의 적들로 인해서,

원수와 복수하기를 즐겨하는 자를 멸하기 위해서,
당신은 당신의 권능(Festung)을 세우셨습니다.
만약 내가 당신이 만드신 당신의 하늘을, 당신의 손가락의 작품을,
달과 별을 본다면,
[단 나는 질문할 것입니다]
사람이 무엇이기에 당신은 그를 생각하시며,
인자가 무엇이기에 당신은 그를 돌보십니까?(시 8:1-4)

철학자 임마누엘 칸트는 시편 23편에 관해서 다음과 같이 말하고 있다. "내가 읽은 어떤 책도 이 말씀처럼 내게 주었던 위로를 준 적이 없다." 그러나 원수들의 세상을 정복하여 이긴 성취감 속에 그리고 두려움을 상징하고 유발시키는 지팡이에 대한 인식 속에 자리매김하고 있는 하나님과의 신비적인 공동체의식에 관한 비전이 시편 23편의 내적인 사상을 이루고 있다면, 실망하지 않을 자가 누가 있을까?

내가 음침한 골짜기를 다닐지라도,
해를 두려워하지 않을 것은,
내게 용기를 주는,
당신의 지팡이와 막대기로.
당신이 나와 함께 하시기 때문입니다.
당신이 내 원수의 목전에서

내게 음식(Mahl)을 준비하셨습니다(시 23:4-5).

시편에 난무하는 원수들에 관한 묘사와 그들에 대한 두려움에 한번 민감해지면, "하나님 나라에 관한 시편"(Gottesreichpsalm) 145편이 예수시대 죽은 이의 명복을 비는 유대기도(Kaddisch-Gebet)와 예수의 주기도문과 밀접한 관계를 맺고 있으며 승리의 확신으로 끝맺고 있다는 것은, 놀랄 일이 아니다.

여호와께서 자기를 사랑하는 자를 다 보호하시고,
모든 범법자는 파괴(vernichet)하시리로다(시 145:20 통일된 번역).

그는 그를 사랑하는 모든 자를 보호하시고,
모든 범법자는 말살(vertilgt)시키시리로다(시 145:20 마틴 부버).

개인 시편 안에 나타나는 삶의 상황, 장면 그리고 광경들이 자신에게 영향을 미치기 원하는 사람은 폭력에 저항하는 많은 탄원, 그러나 폭력을 바라는 외침에, 무엇보다도 앙갚음, 복수 그리고 멸절의 하나님이 계시다는 희망에 놀라게 된다.

기독교의 기도에 관한 문헌(Gebetsliteratur)의 조화롭고 확고부동한 교리에 익숙한 사람은, 대부분 감정적이며 투쟁적인 시편의 표현에 놀라며 혼란에 빠지고 반발심을 갖게 된다. 물론 시편은 토라와 예언서의 위대한 신학전통과 주제로 넘쳐흐른다. - 우리는 시편을 토라와 예언서에서 습득한 기도라고 부를 수 있다. 그러나 시편의 기도는 마치 경건하지 않은 것처럼 보인다. 왜냐하면 시편은 결코 고딕양식으로 건축된 대성당의 신비적인 실루엣 속에서, 잘 정돈된 수도자의 쉼터에서, 혹은 고요한 영혼의 산실 속에서 행해진 명상이 아니라, 오히려 끊임없이 적대감을 느끼는 세상의 한가운데에서, 시인이 자신을 지키고자 저항하는 원수들 사이에서—특별히 시인이 하나님을 그들의 보호자와 싸움의 동반자(Kampfgenossen)로서 신뢰함으로—발생된 것이기 때문이다.

노베르트 로핑크(Nobert Lohfink)는 다음과 같은 논점을 주장하고 있다. "시인과 그의 원수—이 두 가지 요소는 시편의 압도적인 주제이다."[2] 시편에서 다른 어떠한 언어의 영역도 원수들에 대한 묘사처럼 입체적이고 다각적인(facettenreich) 영역은 없다. 오트마 키일은(Othmar Keel) 그의 논문 "원수들과 신앙을 잃은 자들; 개인 탄원시에서 적대자들의 형상에 관한 연구"에서 원수들에 대한 명칭과 특징을 밝히고 있다.[3] 시인의 원수들과 이스라엘의 원수가

2) N. Lohfink, "Was wird anders bei kanonischer Schriftauslegung? Beobachtung am Beispiel von Ps 6," *JBTh* 3(1988), 36, mit Verweis auf T. Collins, "Decoding The Psalms. A Structural Approach to the Psalter," *JSOT* 37(1987), 41–60.

3) 비교. O. Keel, *Feinde und Gottesleugner. Studien zum Image der Widersacher in den Individualpsalmen*, *SBM* 7(Stuttgart, 1969), 93–131; 우리의 주제 "시편에 나타나는 원수들"에 관한 개요를 술츠는 그의 책에서 제시하고 있다. H. Schulz, *Zur Fluchsymbolik in der altisraelitischen Gebetsbeschwörung: Symbolon* (N.F. 8, 1986), 35–59(특히 39–43).

되는 민족들(이방민족)에 대한 하나님의 진노하심을 간청하는 표현에서 직유와 은유의 표현들이 사용된다. 그리고 그 표현의 변화는 매우 다양하다. 우리가 공시적인 분석을 통해서 시편을 삶과 세상에 대한 하나의 이야기체로 구성된 설계도로 이해한다면 의인과 범법자 사이, 다시 말하면 힘없는 가난한 자와 권력을 가진 부유한 자 사이, 또한 하나님의 백성 이스라엘과 우상을 섬기는 땅 위의 백성들 사이의 긴장감 넘치는 논쟁의 역사임을 알 수 있다. 이런 논쟁의 최종적인 결과가 의인과 가난한 자 그리고 이스라엘 편에서 싸우시는 "복수의 하나님"에 의해서 결정된다는 중요한 주제는 (때로는 약하게 때로는 강하게) 시편들(노래들)을 하나로 묶어주는 기저에 깔려 있는 색채이다.

시편에서 죽음과 삶을 위해 싸우는 것이 슬프고 민감한 단조 속에서 연주되지 않는다는 것은 시편 1편과 2편의 이중 모토(Doppelmotto)를 통해서 잘 알 수 있다(루터의 수정되지 않는 번역은 다음과 같다).

> 그러나 악인은 그렇지 않고,
> 오히려 바람에 날리는 겨와 같이
> 그러므로 악인들은 심판을 견디지 못하며
> 죄인들이 의인들의 모임에 들지 못하리로다.
> 무릇 의인들의 길은 여호와께서 인정하시나;
> 악인들의 길은 망하리로다(시 1:4-6).

내가 여호와의 명령을 전하노라 여호와께서 내게 이르시되,
"너는 내 아들이라 오늘 내가 너를 낳았도다;
내게 구하라 내가 이방 나라를 네 유업으로 주리니
네 소유가 땅 끝까지 이르리로다.
네가 철장으로 그들을 깨뜨림이여;
질그릇 같이 부수리라 하시도다"(시 2:7-9).

시편(Psalter)이 시편 150편의 장엄한 할렐루야 최종시로 끝나기 전에 149편은 시편 2편의 단어와 모티브를 수용하고 채택하여 하나님과 그 백성의 승리를 "새로운 노래"로 찬양하고 있다.[4)]

성도들은 영광중에 즐거워하며
그들의 침상에서 기쁨으로 노래할지어다.
그들의 입에는 하나님에 대한 찬양이 있고

4) 시편 149편에서 곤혹스러운 가시를 뽑아내기 위해 노력하는것, 비교. N. Füglister, *Ein garstig Lied – Ps 149*, in: FS H. Groß(Stuttgart, ²1987), 81–105; E. Zenger, *Mit meinem Gott überspringe ich Mauern. Einfhrung in das Psalmenbuch* (Freiburg, ⁴1993), 53–60; G. Vanoni, *Zur Bedeutung der althebräischen Konjunktion. Am Beispiel von Ps 149, 6*, in: FS W. Richter, St.(Ottilien, 1991), 561–576. 이렇게 해석하려는 시도는 물론 다음과 같은 사실을 숨길 수 없다. 시 149편은, 시 2:10–12에 나타나 있는 경고와는 현저하게 다른 "멸망에 관한 심판"(Vernichtungsgericht)을 해석하기 위해서 왕들과 민족들을 서로 분리하고 있다. 물론 여기서 종말론적인 사상이 이러한 배경 속에 얼마나 담겨져 있는가는 아직 남겨진 문제이다.

그들의 손에는 두 날 가진 칼이 있도다.

이것으로 뭇 나라에 보수하며

민족들을 벌하며

그들의 왕들은 사슬로,

그들의 귀인은 철고랑으로 결박하고

기록한 판결대로 그들에게 시행할지로다.

이런 영광은 그의 모든 성도에게 있도다(시 149:5-9).

사실상 증오, 적대감, 폭력, 보복(Vergeltung) 그리고 복수(Rache)는 시편에서 결코 부가적인 모티브가 아니다. 오히려 이러한 요소들은 본질적인 부분이다. 기독교 신학과 심리학은 시편에 나타나 있는 하나님 이해를 끊임없이 항의하며－부분적으로 구약성서 경험에 대한 거부, 심지어 성서에 대한 거부까지 이르게 하는－거부해 왔다.

3. 기독교 안에서 일어나는 항의와 거부

시편에 나타나는 신학적인 개념, '분노'(Ärgernis)에 관한 표현들을 많은 기독교 신학자들이 얼마나 복잡하고 심오하게 느끼고 있는지 최근에 연구된 다양한 입장을 통해서 살펴볼 수 있다.

성서 해석학적 기본 문제는 시편을 기독교 이전의 유대교에서 발생된 본문으로서 파악하고 유대교와 기독교 사이의 단절(Diskontinuität)을 강하게 강조하는 모든 엄격함 속에서 나타나고 있다. 동시에 시편(Psalter)을 '기독교 정신으로 충만한'(verchristlicht) 것으로 해석하거나 반대로 '비기독교적인'(nicht-christlicht) 것으로 거부하는 경우 신약성서의 기독론(Christologie)과 교회론(Ekklesiologie)을 통해서 판단한다.

기독교적인 기도로 허용하기 위해서 시편이 '기독교 정신으로 채워진' 것이어야만 한다는 것을, 트리어의 예배학자인 발타사 피셔(B. Fischer)는 다음과 같이 설명하고 있다.

> "시편은 너무 인간적이라는 사실 때문에 유익한 것이다. … 한 가지 어려움은 이 노래가 구약성서에 근거를 두고 있다는 사실에서, 다시 말하면 그리스도의 오심 이전에 쓰였다는 사실에서, 그리고 아주 드문 경우에만 메시아의 오심과 관련되어 있다는 사실로부터 발생한다. 우리가 그에게 기도하는 것이든, 아니면 그의 기도와 우리를 연결하는 것이든, 어떻게 시편이 그리스도가 중심이 되는 기독교적인 기도가 될 수 있는 것일까."[5)]

원수시편, 복수시편 그리고 저주시편의 문제점은 더는 종교와 폭력의 연합(Verquickung)을 다루는 것이 아니다. '복수의 하나님'

5) In der Einleitung zum, "Kleinen Stundenbuch," Einsiedeln-Freiburg o. J., 7.

뿐만 아니라 '용서와 사랑의 하나님'에 관하여 언급하고 있는 유대교 전통에서 이들의 문제점을 또한 '분노'(Ärgernis)로 성찰할 수 없다. 대부분의 기독론에 의하면, 이러한 시편들은 '비기독교적인', '저급 기독교적인'(unter-christlicht) 다시 말하면 전형적으로 구약성서적이며 유대교적인 '기독교 이전'의 유물(Relikten)에 속하며, 또한 기독교인이 기독교인으로서 극복하고 능가해야 할 신앙을 반영하는 유물에 속한다. 2세기에 이단자로 정죄된 주교 아들 마르키온(Markion)이 다룬 주제 '유대교(구약성서)의 하나님과 완전하게 다른 신-예수 그리스도'가 유포되어 파급된 사건을 나는(저자) 잘 알고 있다.

이러한 인식이 문제를 결코 쉽게 하는 것은 아니다. 왜냐하면 적지 않은 기독교 구약성서학자들이 문제의 시편 구절들을 '저급 기독교적인' 다시 말하면 전형적으로 구약성서적인 것으로 규정하기 때문이다. 이에 관해서 다음의 자료들이 보여주고 있다.

마인츠(Mainz)의 구약학자 알프레드 메르텐스(A. Mertens)는 그의 논문 "오늘 우리는 시편을 통해서 기독교적으로 기도한다"에서 시편기도에 관해서 알기 쉽게 풀어 쓰고 있으며 다음과 같이 주장하고 있다.

> "기독교인들의 기도는 산상수훈의 교훈을 통해 이미 그 한계가 지적되고 있는 기독교 이전의 그리고 저급 기독교의 도덕적 가치와 신앙 수준에 머물고 있다."[6)]

나는 여기서 베른하르트 둠(B. Duhm)[7]과 아투어 바이저(A. Weiser)[8]의 주석서를 선택해서 살펴보고자 한다. 왜냐하면 이들 주석서에는 기독교적 선입견이 주요한 주제처럼 스며들어 있기 때문이다.

베른하르트 둠은 다음과 같이 언급하고 있다.

"우리가 시편 6편의 소박한 진실을 읽게 되면 원수에 대한 입장표명이 기독교적 감성에 어울리지 않는다는 것을 알 수 있다"(p.22, 시 6편).

"… 그리고 시편 16편에서 시인의 단순한 기쁨은 기독교적인 세계관과 삶의 방식을 … 충분히 충족시킬 수 없다"(p.46, 시 16편).

"시편 32편에서 고난과 죄 그리고 행복에 대한 시인의 관점은 저급기독교적이다"(p.95, 시 32편).

"죄의식으로 인한 '깊은 우울'은 사실상 기독교적인 특징이 아니다"(p.148, 시 51편).

"이 시편에서 특히 저주와 증오는 극히 비기독교적이지만, 그럼에도 불구하고 이 시편은 메시아사상이 내포되어 있다"(행 1:16-20)(p.254, 시 109편).

---

6) A. Mertens, "Heute christlich Psalmen beten. Zugänge zum Psalmengebet auf den Hintergrund moderner Psalmenexegese," H. Becker/R. Kaczynski, ed., *Liturgie und Dichtung. Ein interdisyiplinäres Kompendium II*(St. Ottilien, 1983), 503.

7) B. Duhm, *Kritischer Hand-Commentar zum Alten Testament*(Freiburg, 1899).

8) A. Weiser, *Altes Testament Deutsch*(Göttingen, 1950, [10]1973).

아투어 바이저의 주석서에서 우리는 다음과 같은 글을 읽을 수 있다.

"… 하나님의 통치와 정의에 관한 기계적인 견해는 이웃을 돌아보는 것을 방해하는 강한 차단기 역할을 한다는 것을 우리는 간과할 수 없다. 그리고 시편은 신약성서에서 극복하고 있는 이러한 한계를 넘어서지 못하고 있는 것이다"(p.114 이하, 시 15편).

"… 시편 저자가 그의 원수가 행한 대로 복수하기 원하는 것은 신약성서에 의하면, 구약성서의 사상 속에 나타나 있는 인간의 한계를 명백히 보여주고 있다"(p.233, 시 41편).

"시편에는 명백히 '한계'가 표현되어 있다. 물론, 시편저자의 주관적인 정당성에 관해서 우리는 의심할 수 없다. 그리고 하나님의 신의(Treue)와 도움에 대한 믿음은 견고하다. 그러나 하나님에 대한 전적인 신뢰(Vertrauen) 속에서 고난 중에 있는 자신을 하나님의 손에 맡기고, 인내하며 기다릴 수 있는 힘이 없으며, 준비되어 있지 않다. 인간적인 의지와 그의 격렬한 복수 본능과 남의 불행을 기뻐하는 악한(Schadenfreude) 감정이 시인의 사고를 지배하고 있으며, 하나님에 대한 견해와 하나님과의 관계를 이러한 사상 속에서 이해하고 있다. … 그러므로 그의 기도는 '만족함'에 이를 수 없다. 왜냐하면 그것은 최종적인 깊이에 도달하지 못하기 때문이다. 이러한 관점에서 그의 기도는 신약성서의 심판 아래 서 있는 것이다"(p.282, 시 54편).

"… 다른 한편으로 의인에 대한 심판을 언급하고 있는 시편의 결론부분은 편협한 종교적인 광신(Fanatismus)에서 비롯되는 남의 불행을 기뻐하는 숨김 없는 악의(Schadenfreude)와 잔인하고 격렬한 복수심(비교. 시 68:24), 그리고 종교적인 인식의 나무에서 자라나며 구약성서 종교의 한계로 인식할 수 있는 '위험천만한 독을 가진 꽃'을 보여주고 있다"(p.292, 시 68편).

"시편의 노래는 … 강한 동반자이다. 시편 노래의 대담함과 하나님에 대한 꺾일 줄 모르는 용기는 다양한 적대심 속에 있는 많은 사람을 돕는다. 기독교의 하나님에 대한 신뢰는 하나님이 우리가 바라고 소망하는 것과 다른 결정을 할지라도 굳건한 믿음 속에서 하나님의 뜻에 자신을 맡기는 것을 말한다"(p.233, 시 41편).

"그들은 하나님의 적이지만, 동시에 가족이며, 친구이다. 인간적인 감정의 골짜기로부터 발생되는 미움의 모티브를 발견할 때 우리는 실제로 시인이 구약성서 전통의 한계에 머문다는 것을 간과할 수 없다"(p.558, 시 140편).

이러한 곤혹스러운 시편의 구절들에 대한 꼬리표를 통해서 1세기가 넘는 기독교 전통이 — 그것에 따르면 신약성서는 언제나 하등한(inferior) 구약성서의 한계를 지적하는 특권을 부여받은 기관이다. — 어떤 것을 가치 평가할 때 그것의 배경과 전제 그리고 근거를 묻지 않고 출발하고 있다는 것을 알 수 있다.

이러한 출발점에서 돌연이 "이 시편들이 기독교적인 기도로서 적합한가?", 또는 최소한 "이러한 시편들을 기독교적으로 수정하고 정정할 수 없는가?"라는 질문이 제기된다. 파사우(Passauer)의 신약성서학자이며 가톨릭 성서제작사 회장 오토 크노흐(Otto Knoch)는 다음과 같이 그의 입장을 표명하고 있다.

> "구약시대 하나님의 백성 유대인처럼 기독교인이 새로운 하나님의 백성으로서 모든 시편으로 기도할 수 있을까? 아니면 새로운 교회와 인류의 주, 부활하신 예수 그리스도에 근거하고 있는 기독교인의 새로운 구원 영역과 질서로 시편본문과 시편기도의 변화가 필요한 것일까?
>
> 하나님은 나사렛 예수 그리스도를 통해서 최종적으로 자신을 계시하셨고 세상은 그 안에서 새롭게 되었다(비교. 고후 5:11-19). 세례를 통해서 그리스도와 새로운 삶의 관계 속으로 그리고 그로 인해서 하나님과 새로운 관계 속으로 들어간 그리스도의 몸된 지체로서 기독교인들은 기도한다.
>
> 기독교인은 교회처럼 '예수 그리스도 안에서 그리스도와 함께 그리스도를 통해서' 아버지 하나님께 기도한다. 그러므로 그의 복음과 가르침으로부터 구약성서의 기도를 여과시키며 해석할 수 있다.
>
> 옛 계약의 시편을 예수 그리스도, 교회 그리고 하나님 나라에 근거하여 깊이 있게 해석하고 바라보는 것이 필수적이다. 그것은 가톨릭교회가 미사경본(Meßbuch)에서뿐만 아니라 성무일도(Stundengebet)에서 복수와 보복을 탄원하는 시편과 시편의 단편들뿐만 아니라 또

한 구약성서적이며 유대교적인 견해를 주장하는 시편을 제외시키고, 더욱이 신부가 행하는 엄격한 형식의 중요한 종결기도(Orationen)에서 시편과 시편의 단편들을 기독교적인 구원사와 교회의 기도라는 관계성 속에 분류하는 근거이다."[9]

우리가 간과할 수 없는 것이 있다. 다른 한편으로 이러한 견해들은 시편에 표현되어 있는 '구원'을 기독교의 중요한 주제로 다룬다. 기독교는 마르키온으로부터 범람한 이단(Häresie) 사상을 금지하기를 원하면서 – 동시에 그들은 그것을 부분적으로 수용하고 있다. 그들은 시편에 표현되어 있는 곤혹스러운 낯섦(Fremdheit)을 '저급 기독교적이며' 유대교적인 근원에서 비롯되었다고 지적하고 있다. 그리고 이를 통해서 기독교의 새로움과 탁월함을 더욱 명확하고 분명하게 주장한다. 복수시편들(Rachepsalmen)은 이렇게 복음서와 새로운 대조를 이루게 되었다. 그들에게 그리스도가 오셔야만 했던 이유는 분명하다.

이러한 시편들을 구약성서적인 종교의 – 기독교에 비해 무척 낯선(fremden) 하나의 종교로서 – 요소들과 특징으로 평가하는 학자들에게 이러한 이해는 더욱 명백하다. 그러나 마르키온의 이단 사상의 반복 속에 구약성서를 기독교의 정경에서 제외시키기 원하는 이러한 입장들은 그렇게 중요하지 않다. "폭력시편들"(Gewaltpsalmen)

---

9) O. Knoch, "Altbundlicher Psalter. Wie kann, darf und soll ein Christ ihn beten?," *Erneuerung in Kirche und Gesellschaft* IV(1989), 45–47.

의 신학적 문제는 폭력시편에 있는 낯섦의 긍정적 기능을 인정함으로써 이러한 시편들의 (명목상 또는 실제적인) 낯섦을 그들의 정경적·성서적 우수성으로 무마시키는 곳에서 발생한다. 이것은 대부분 다양한 변형이 나타나는 변증법적인 기본도해(圖解)와 함께 나타난다.

진정한 예배를 위한 새로운 신성 의회(der neuen Sacra Congregatio)의 대표자가 되었던(1969년) 베네딕트-수도회 연맹 교단지도자 벤노 구트(Benno Gut)는 1962년 '교회기도의 개혁을 위한 논의'에서 소위 말하는 저주시편들을 지속해서 보유해야 하는지, 아니면 삭제해야 하는지를 묻고 있다.

> "중요한 반대의견들에도 불구하고 저주시편을 옹호하는 것을 나는 찬성한다. 이것을 통해서 우리에게 저주시편의 존재가 점점 더 자명하여지고 또한 우리는 하나님의 계시의 지속적인 발전이 얼마나 놀라운가를 하나님께 감사할 수 있다."[10)]

비슷하게 1940년 트리어(Trier)의 구약학자 하인리히 융커(Heinrich Junker)는 저주시편의 치료교육학적인(heilspädagogisch) 역할을 밝히고 있다.

10) 비교. den lateinischenn Text des Votums bei V. Huonder, *Die Psalmen in der Liturgia Horarum*(Fribourg, 1991), 7 Anm.11.

"끝으로 이 질문에 대한 짧은 대답이다. 만약 우리가 저주시편의 진정한 의미를 더는 우리 것으로 할 수 없다면 어떻게 우리가 오늘 이러한 시편들을 실제적인 기도로서 이야기할 수 있을까? 이 대답에서 나는 본문의 진부한 의미를 무시하고, 예를 들면 시편의 근본적인 의미를 알고 있는 기도자를 전제로 한다. 만약 그가 기독교의 윤리에 따라 시편의 근본적인 의미를 자기의 것으로 할 수 없는 입장과 충돌하면, 그는 자신의 기독교적인 양심으로부터 불완전한 구약성서적인 사고에 대한 신약성서적인 수정을 자신의 의식 속에서 행한다. 정확히 말하면 성숙하고 의식 수준이 높은 기도자는 구약성서의 기도에 대한 이러한 수정을 외람스럽지 않게(Überheblichkeit) 그리고 불경스러운 비평 없이 수행한다. 왜냐하면 그는 스스로 구약성서의 기도자보다 더 높은 윤리적인 입장에 서는 것보다는 오히려 구약성서의 기도자보다 높은 이상을 볼 수 있고 숭고한 기도를 들을 수 있다고 인식하기 때문이다. 진정한 자아 인식은 그가 진지한 시험에 내맡겨질 수 있고, 언제든지 복수의 기도를 언급할 수 있는 위험 속에 처할 수 있다는 것을 말하고 있다."[11]

임마누엘 히르쉬(Emanuel Hirsch, 1888-1972)로부터 프리드리히 바움게르텔(Friedrich Baumgärtel, 1888-1981)을 넘어서 프란츠 헷세(Franz Hesse, 정년퇴직한 뮌스터 구약학자)에 이르기까지 영

11) H. Junker, "Das theologische Problem der Fluchpsalmen," *Pastor Bonus* 51(1940), 74.

향력 있는 상당히 많은 저자의 경우(정당함을 인정하는) 신약성서의 은총의 복음과는 달리 구약성서의 '낯섦'(Fremdheit)은 심지어 루터교 교리의 변증법적인 원칙이 되었다. 정경인 구약성서에 대한 부동성과 기독교인을 위한 구약성서의 구원사의 의미에 대한 그들의 견해는 서로 일치한다. 그와는 반대로, 다시 말하면 기독교인들은 그들이 그리스도의 복음을 믿지 않을 때 그리고 믿지 않는 한 그들 안에 숨어 있는 '옛'(alten) 사람을 구약성서에서 만나게 된다. 또한 대부분의 시편들, 특별히 충만한 자기 확신으로 원수들에 대한 심판을 하나님께 탄원하는 시편에는 예수가 우리를 해방시키기를 원하는 '이방 종교'(Fremdreligion)의 특성이 내재해 있음을 보여준다.

비텐베르크 출신이며 목사의 아들인 임마누엘 히르쉬는 마르키온주의자 아돌프 폰 하르낙(Adolph von Harnack) 밑에서 공부하였고 괴팅엔 교수로서 정치학 분야에서 큰 영향력을 행세하였다. 그는 1933년 신앙운동인 "독일의 기독교인"(Deutshe Christen)에 가입하여 유대인 차별에 가담하였지만 그가 신학의 삶 초기에 기독교와 시편의 관련성에 관하여 진지한 질문을 한 것을 우리는 들을 수 있다. 신학적이고 정치적으로 고양된 히르쉬의 유대인 적대감(Judenfeindschaft)은 그로 하여금 예수에 대한 믿음을 강조하며 구약성서는 해체되고 폐지되어야 한다고 주장하게 한다. 또한 히르쉬는 그의 시편에 대한 경험으로 다음과 같은 주제를 제안한다.

"… 그 당시 나는 우리의 정신이 필요로 하는 것보다 훨씬 드물게 구약성서의 본문을 가지고 설교했다. 만약 민족들의 역사를 통치하시는 하나님의 통치를 하나님에게 자신을 맡긴 신앙의 순종(Glaubensgehorsam)으로 철저히 수용하도록 가르쳐야 했다면, 그것은 큰 전환의 시기에 당연한 것이었다. 역사의 주로서 하나님에 대한 구약성서적인 믿음의 영원성(Bleibende)을 – 기독교적으로도 진리인 – 나는 특정한 방식으로 말하고 있는 부분(Stelle)을 통하여 파악하였고 그들을 현실화시키기 위해 노력하였다. 그것은 내부적인 어려움 없이 이루어졌다. 결정적인 것은 본문(Stelle)의 선택이었고 설교 목적을 위하여 본문의 알맞은 범위를 설정하는 것이었다.

결론적으로 설교자 그리고 목사와 사제에게서 구약성서의 올바른 기독교적 사용이 얼마나 어려운지에 대한 현실이 계속해서 숨겨진 채 있을 수 있다. 여러 해 동안의 경험 속에서 나는 학문적인 여정과 관련하여 직업에 대한 위기를 가져 보지 않았다. 그러나 그 이후 나는 다른 어려운 경험을 하게 되었고 그것은 나에게 유익했다. 나는 그 당시 병실에서 설교하는 경우 시편을 자주 읽었다(루터의 유명한 시편에 대한 서언에는 내가 아주 좋아하는 내용이 언급되어 있었다). 어느 날 한 마을에서 한 아들의 어머니인 아주 가난하고 부정적인 여인 앞에서 – 그 여자의 아들이 전쟁터에 있는 – 시편 91편을 읽었다. 이상하게도 나는 아주 깊은 경건, 심오한 영적인 확신을 그에게 피력했다.

며칠 후 내가 다시 갔을 때 그 여자는 다시 슬픔에 잠겨 있었지만 시편을 읽기 원했다. 그 여자는 시편 91편을 요구했고 나는 시편을 읽기 시작했다. 그 후 "왜"(Warum)에 대한 대화에서 나를 두렵게 하는 일, 심오한 영적 경건, 아주 영적인 확신이 그곳에서 일어났다. '천 명이 네 쪽으로 넘어지고 또 만 명이 네 오른쪽에서 넘어져도 이 재앙이 네게 가까이 하지 못하리라'(시 91:7). – 그 여자는 그 말씀을 그 여자의 아들이 살아서 돌아올 것이라는 하나님의 신탁(Orakel)으로 이해했다. 그 여자는 마을과 도시 주변에서 남편과 아들을 이미 잃었거나 잃게 될 많은 사람과 달리 자신의 아들을 보호하기를 원했다. 그때 나는 내가 할 수 있는 한 최선을 다해서 그 여자에게 그것은 기독교적인 하나님 신뢰가 아니라는 것을 이해할 수 있도록 돕기 위해 노력했다. 그 여자는 적대적으로 방어했기 때문에, 그 여자에 대한 나의 목회적인 돌봄은 그 여자의 마음을 열 수 없는 상태에 머물러 있었다.

한 사람에게 잘못된 신앙을 갖게 하고, 그것이 개선되지 않는 것을 경험하고 집으로 돌아왔을 때, 한 가지 생각이 나의 머리를 때렸다. … 그 여자는 어떤 의미에서 아주 옳고, 내가 읽어준 시편의 시인처럼 똑같이 믿고 있는 것이다. … 그 이후 나는 이 시편들을 기독교적인 목회의 현장과 가르침의 현장에서 기피하고 있다. 나는 병실에서나 강의 시간에 구약 시편의 사용을 피하고 있다. 오히려 나는 신약성서와 우리 독일 기독교 찬송가에 수록된 시편을 사용하고 있다. 그러고 나서 지금 천천히 이해하기 힘든 폭력을 – 먼저 시편들을 그리고 이후 다른 구약성서의 본문에서 – 그것들이 기독교적인 것과 위배되는 구약성서적 유대교적인 시각이라는 것을 자랑스럽게 드러내기 시작했다."[12]

바덴의 쇼프하임(Schopfheim)에서 경험한 이런 결정적인 사건에서 히르쉬는 1차 세계대전에서 독일이 민족의 희생의지 결핍 때문에 실패했다는 문제를 제기하고 있다(그는 이러한 민족의 희생의지 결핍을 이 병상에 있는 여자에게서 다시금 인식하고 있다. 그리고 독일에 있는 유대인의 전형적인 태도로서!). 그러나 **어떻게** 시편의 구절들을 신뢰할만한 신앙의 기도로 이해할 수 있으며 시편을 통해서 기도할 수 있는지에 관한 질문은 복잡성을 의식하게 한다. 이것은 당연히 히르쉬가 이미 제시한 바 있고 바움게르텔과 그의 제자 헷세가 이해하고 변증한 것과는 다른 해결책을 지향하고 있다.

특별히 바움게르텔은 유대의 구약성서의 기독교적인 의미는 복음서와 대조를 이루는 것들을 폭로하는 것이며, 특별히 "기독교적인 것으로 … 들어 올림이 필요한[13] 구약성서적인 경건"을 폭로하는 것이라고 주장하는 히르쉬의 견해를 더욱 강화했다.

"구약성서의 경건한 자들처럼 우리는 기독교인으로서 우리 하나님

12) E. Hirsch, *Das Alte Testament*, 6f.

13) E. Hirsch, "Etwas von der christlichen Stellung zum Alten Testament," *Glauben und Volk* 1(1932), 23.

과 매우 자유로운 결속을 위한 길을 알고 있을 뿐 아니라 그 길과 연결되어 있다. … 그래서 우리는 기독교인으로서 구약성서 중심에 서 있고 또한 구약성서처럼 구약성서를 통해서 신약성서로 나아가고 있다."[14)]

이미 구약성서와 시편들의 교육학적인 치료 기능은 우리의 불행을 인식시키고 우리 안에 있는 구원을 향한 갈망을 깨우는 것이다. 그리고 구원을 향한 갈망은 우리가 단지 신약성서를 들음으로부터 도달할 수 있다. 우리는 시편에서 하나님이 어떤 분인가를 배울 수 있다. 그와 관련하여 바움게르텔은 소위 말하는 메시아사상이 나타나 있는 시편에 관하여 특별한 인상을 표현한다. 여기에 나타나는 폭력적인 왕(비교. 시 2:9, 110:5-7)은 우리에게 예수 그리스도 안에서 하나님이 보여주시고 보내주신 진정한 메시아가 아니다.

"메시아사상이 나타나 있는 시편은 지금 이미 왔고 그리고 그의 영광(*doxa*)이 현재의 왕 안에 감추어져 있는 구원자-왕의 최종적인 결말을 표현하고 있다. 시인이 그가 경험한 왕에게 메시아의 직분을 선언하는 것은 그의 최종적인 오심 안에서 실현될 것이다. 정치적·사회적인 통합(Integration)의 실현(Heraufführung)이다. 그리고 이러한 구원자에 대한 노래는 기독교 공동체가 보고 알고 있는 구원자를

14) F. Baumgärtel, "Das Alte Testament," in W. Künneth/H. Schreiner(Hrsg.), *Die Nation vor Gott*(Berlin, 1937), 106f.

향하여 가도록 한다. 그의 영광은 실패한 인류의 죄의 용서를 위한 위임(Vollmacht)이며 죽음을 이기고 부활하신 구원의 역사이다."[15]

바움게르텔은 좀 더 날카롭게 지적하고 있다. 메시아사상이 나타나 있는 시편에서 사람들이 원하는 소망과는 반대로 예수는 "그들을 위해서 죽어야만 했다!" 우리 안에 언제나 다시 떠오르는, 시편에 표현되고 있는 '구약성서의' 사람들이 가졌던 이러한 잘못된 소망들로부터 예수는 우리를 구원하기를 원한다. 이를 위한 그의 보내심을 이해하기 위해서 이러한 시편들이 유혹하는 운명의 여신(Fata Morgana)과 대면하는 것이 필요하다.

"이 시편들에 관한 신학적 해석은 단지 신약성서의 복음과 대비적인 평행과 '반대로부터'(*e contrario*) 가능하다. 복음서의 선언 속에서 이러한 대비적인 평행은 큰 임무를 수행한다. 이러한 대비적인 평행은 기독교인을 위한 경고의 신호이다. 즉 민족적·정치적인 통합과 사회 공동체의 통합에 대한 갈망과 믿음은 결합하지 않는 것이라고 경고하고 있다."[16]

목회의 경험과 모험으로부터 발생되는 원수시편에 대한 항의는

15) F. Baumgärtel, "Zur Frage der theoloschen Deutung der messianischen Psalmen," FS L. Rost, ed.(BZAW 105, Berlin, 1967), 23.

16) F. Baumgärtel, "Zur Frage," 24f.

비교적 덜 교리적이지만, 최종적으로 더욱 진지하다. 오늘날 사람들은 종교적으로 채색된 폭력에 대하여 예민한 감수성을 가지고 살아간다. 그러므로 대부분의 목회자들은 이들에게 원수와 폭력에 관한 표현이 나타나고 있는 시편은 불행하게도 많은 부담이 된다고 말한다. 우리가 이들의 하소연을 부분적으로 목회자 자체의 문제점들로만 진단하더라도, 이러한 문제점들은 시편이 가진 문제성의 연속적 범위를 보여준다. 초기에 모든 예배를 위한 본문을 '거룩하기 때문에' 또는 '하나님의 말씀이기 때문에' 대체로 문제의식 없이 수용한 근본적 순수성(Naivität)이 점차적으로 사라졌다는 것은 의미 있는 일이다. 이제 문제가 있는 것으로 느껴지는 본문에 관한 논쟁이 일어나고 있다. 목회적인 타협(Vertrglichkeit)이 배타적인 비평이 될 수 없으며, 왜 배타적인 비평이 될 수 없는지에 관해 다음 장(II.4)에서 짧게 언급할 것이다. 목회자의 숙고를 쉽게 부수적인 측면으로 제쳐두는 것은 불가능하다.

"어떻게 시편으로 기도할 수 있을까?"라는 주제를 다루고 있는 「성서와 교회」(*Bibel und Kirche*)에서 다하우 카르멜(Dachauer Karmels)의 수도원부원장 겜마 힌리허(Gemma Hinricher)는 시편 기도에 대한 경험에 관해서 다음과 같이 보고하고 있다.

> "이미 1965년 우리는 모국어로(큰 축제일의) 미사(Offizium)에서 기도하는 것을 허락받았다. 그러나 여행자들을 위해서 필수적으로 요구되었던 모국어 기도는 찬양을 위한 시편들 안에 보복과 저주가 나

타나는 부분들 때문에 그 시편 자체에 대한 큰 문제들이 언급되었다. 우리는 바로 다시 라틴어로 기도하도록 조치를 취했다. 왜냐하면 모국어는 우리를 시편의 풍요로움에 접근시킬 수 있지만, 라틴어는 시편 기도의 이러한 부족한 점을 감출 수 있었기 때문이다.

벌을 내리시고 화를 내시는 하나님에 관해서 파괴와 복수에 대한 소망을 내용으로 하고 있는 시편들은, 종종 잔인하게 묘사되어지는 원수들의 소멸에 관해서 언급하고 있다. 유대인 수용소를 방문하고 정신적으로 충격을 받고 놀라 우리 교회를 찾은 사람들 앞에서 이 시편들을 읽는 것을 강제수용소 부근(Nähe des KZ)에서 볼 능력이 없었다. 강제수용소 박물관(KZ-Museums)의 기록과 자료에서 강제소용소의 잔인함과 가혹함에 놀란 사람들은 격동될 뿐만 아니라, 이곳의 잔인한 사건을 통해서 흥분하는 것은 당연한 일이다. 우리 교회는 수용소가 있는 이곳에서 유일하게 고요한 곳(Pol)이다. 북유럽의 성장을 통해서 강제소용소를 방문하는 여행자들은 교회와 수도원의 뜰을 방문한다. 많은 사람이 우리 교회에서 안식을 찾기 위해 노력하며 규칙을 따른다. 이러한 규칙 준수 속에서 어떠한 저주시편들 또는 저주시편의 구절들 혹은 파괴와 복수에 대한 소망도 언급되어질 수 없다는 것은 당연히 이해되는 일이다.

우리의 기도는 사람들을 화해와 용서 그리고 사랑하도록 격려하여야만 한다. 하나님의 임재하심을 경험할 수 있어야 한다. '둘 또는 셋이서 나의 이름으로 모인 곳에 나도 그들 중에 있느니라'(마 18:20). 공동체의 찬양과 기도 속에서 예수 그리스도는 실제로서 경험된다.

예수는 화해하고 용서하는 사랑으로 증오를 이긴 사랑의 소유자이다.

물론 복수시편과 복수에 관한 구절들을 삭제할 때, 모든 성서 신학적·문학적 그리고 해석학적 신중함을 우리가 가져야 하는 것은 당연한 일이다. 그러나 이 도시와 우리의 교회를 방문하는 사람들을 위한 목회적인 돌봄이 우리에게 가장 우선적인 일이다. 미사는 돌봄이며, 당연히 예배이며, 동시에 사람에 위한 돌봄이고 전체적으로 이러한 돌봄을 실행하는 것이 살아 있는 공동체를 위한 성무일도의 주어진 과제이다."[17)]

수도원 부원장은 숙고해야 하는 다른 문제를 지적하고 있다.

"성무일도를 통해 개인적으로 기도하는 것과 공동체 안에서 기도하는 것은 좀 다른 것이다. 공동 기도의 경우 쉽게 말하면 지켜야 할 확실한 기준들(Kriterien)이 있다. 공동으로 기도하는 기도 본문들은 공동으로 성취될 수 있어야만 한다. 소리 내어 읽는 기도는 규칙이 있다. 그 기도의 내용은 개인의 낭독과는 달리, 공동 기도자들에게 아주 다르게 느껴질 수 있고, 생동감 있는 본문 체험에는 확실한 한계가 있다. 복수시편과 복수에 관한 구절들은 개인 기도의 경우 빠뜨리거나 간과될 수 있다. (미사 때의) 교창(Antiphon)에 의해서 사람들은 자신을 철저히 점검하며, 시편의 성서신학적인 이해를, 시편

17) G. Hinrich, "Die Fluch– und Vergeltungspsalmen im Stundengebet," *Biki* 35 (1980), 55.

의 공동 기도 경우처럼, 개인 기도와는 다르게 조화시킬 수 있다. 복수시편과 복수에 관한 구절들에 대한 많은 변호자들이 성무일도를 공동으로 수행하지 않으며, 최소한 모국어로 성무일도를 수행하지 않는 것을 상상할 수 있는 일이다. 복수와 멸절에 대한 소망과 비슷한 표현들을 소리 내어 읽는 시편 낭독은, 공동 기도로 어울리지 않는다. 또한 문제의식을 유발시키는 구절들이 언제나 올바른 성서신학적인 관점 속에서 이해될 수 있을 거라는 생각은 가능하지 않다. 모든 경우 저주에 관한 본문과 복수에 대한 소망들은 공동 기도의 경우 특별히 그 자체에 관한 심리적인 어려움들을 가져온다."[18)]

4. 인간 윤리와의 모순

지금까지 시편에 대한 가장 강력한 항의는 1992년 프라이브르그 심리학자이며 임상의(臨床醫)인 프란츠 부글레(Franz Buggle)가 제기했다. 그의 견해는 그의 책 - 그들은 그들이 무엇을 믿는지, 아니면 왜 사람들이 더 성실한 기독교인이 될 수 없는지를 모르고 있기 때문이다. 『반박서』(*Streitschrift*) - 에 잘 나타나 있다. 성서 전체, 그러니까 구약성서뿐만 아니라 신약성서는 그의 본질적인 부분에서 지나치게 폭력적이며 비인간적인 하나의 책이다. 그렇기 때문

18) G. Hinrich, "Die Fluch- und Vergeltungspsalmen im Stundengebet," 56.

에 오늘날 책임감 있는 윤리의 토대로 동의할 수 없고 오히려 저항할 수 있다는, 그의 주장은 시편으로부터 수많은 관찰과 논쟁을 끌어오고 있다. 널리 알려진 시편에 대한 높은 평가와 대항해서 그는 망설임 없이 다음과 같이 주장하고 있다.

> "시편은 얼마나 실제적인지 모른다. 많은 부분에서 그리고 드문 경우 한 부분에서, 통제되지 않는 개인적인 증오의 감정, 복수요구 그리고 독선의 규모가 나타나는 결정적인 본문 … 모순적으로 나타나는 본문의 모든 현실적인 자명함 때문에 오랫동안 자제력 없는 과도한 증오와 복수심으로 각인된 본문은 결코 읽지 않았다는 것을 인정해야만 한다."[19]

시편을 편견 없이 읽는 사람, 시편에 표현되어 있는 폭력적·파괴적 그리고 비합리적인 하나님 이해를 신학적으로 은폐시키지 않는 사람, 또한 시편 기도자의 복수심에 찬 증오의 폭발과 자기중심적인 독선(Selbstgerechtigkeit)의 오만을 '헌신적인' 숭배를 통해서 대수롭지 않게 여기는 사람은, 여기서 신학적으로 정당화시킨 교회에 퍼져 있는 적대감과 폭력 예찬에 대해 놀랄 수 있다. 그러므로 그가 내린 결론은 다음과 같다.

---

19) F. Buggle, *Denn sie wissen nicht, was sie glauben. Oder warum man redlicherweise nicht mehr Christ sein kann. Eine Streitschrift*(Reinbek, 1992), 79f.

"실제적으로 성서에 저항하는 중요한 항의들은 인류학적인 특징을 지니고 있지 않다는 사실을 최종적으로 설명해야만 하는 것일까? 하나님이 세상을 칠일 동안 창조하신 것이 아니라는 것, 또는 태양이 정지해 있었는지 아닌지를 오늘날 성서에 대한 문제로 거의 다루지 않는다. 오히려 문제는 성서에 나타나는 성육신이 되신 가장 높은 신 하나님의 윤리적·도덕적인 수준이 성서의 많은 진술에서 너무 비인간적이라는 사실에서 출발한다. 그뿐만 아니라 오늘을 살아가고 있는 모든 사람은, 명백히 연약함과 부족함에도 불구하고 윤리적·도덕적인 수준이 성서의 하나님의 수준을 훨씬 능가할 수 있는 많은 사람을 알고 있다. 그러므로 오늘을 살아가는 모든 사람이 이 많은 사람을 아무런 망설임 없이 언급할 수 있다는 것이 문제이다.

그리고 '이것은' 근본적인 이의(Einwand)이다. '비인간적이며 원시적인' 해석으로(하나님의 징벌로서 고난과 질병) 잘 알려진 것처럼 부분적으로 잔인하고 비인간적인 실제(Realität)를 많은 부분에서 잘 반영하고 있는 성서에서 이의가 발생한다. 그뿐만 아니라 전능하며, 전지하며 그리고 끊임없는 사랑 자체로 화해하며 인애하신 하나님이 존재한다는 주장과 관련하여 또한 피조물의 끊임없는 실존적인 고난의 요소에서(Faktum) 이의가 발생되는 것이다. 이러한 이의는 오늘날까지 해결되기보다는 교회와 인격신론(theistisch)의 변호자에 의해서 위협적이며 오래된 신정론의 문제가 되어 버렸다."[20]

20) F. Buggle, *Denn sie wissen nicht*, 86f.

시편은 예배 속에서 그리고 특별히 성무일도 속에서 지속적으로 사용되기 때문에, 이러한 파괴적이며 윤리적으로 위배되는 하나님 형상은 영향을 미칠 수 있다. 폭력에 사로잡힌 것과 폭력을 선동하는 시편의 윤리적 훼손(Deformierung)은 무엇보다도 아주 위험할 수 있다. 왜냐하면 시편(Psalter)이 교회 내부적으로 높은 명성 가운데 위치하고 있을 뿐만 아니라 "급진적 사고방식으로 자유로운 사람들의 집단 속에서도, 시편은 의심의 여지 없이 기독교 경건의 장점 중의 하나로서 간주되고 있기 때문이다."[21)]

21) F. Buggle, *Denn sie wissen nicht*, 78.

II. 의미 없는 답

물론 "폭력시편들"의 신학적·심리적 그리고 목회적인 문제의 경우 문제를 해결하기 위한 다양한 방향들이 때때로 제시되었지만, 이러한 방향들을 이제 더욱 세부적으로 구상하고 평가해야 한다. 동시에 이러한 논의는 우리의 문제를 해결하기 위해 문제의 근원지를 계속해서 추적해가며 성과를 가져다줄 쟁점을 찾는 데 기여해야 한다.

1. 무시 또는 수정

시편에 표현되어 있는 불쾌한 분노(Ärgernis)에 대한 문제를 해결하기 위한 가장 쉬운 방법은 불쾌감을 유발시키는 이 시편들을 무시하거나 수정하는 것이다. 다시 말하면 기독교의 "기도의 보물"에서 시편을 제외하거나, 시편을 부분적으로 삭제해서 시편이 기독교적 분위기와 화음을 이룰 수 있도록 하는 것이다. 그것은 교회의 성무일도에서 시편 58, 83, 109편을 제외하기 위한 것과 많은 시편들 중에서 다양한 구절들을 삭제하기 위한 근본적 근거였다.

또한 다른 경우 첫 언약의 본문(Erst Testament)과 관련하여 한 본문에서 본문의 요소들을 제거하는 것은 공의회 이후 예배의식을 편성할 때 선호하는 방법이다. 성만찬식 축제(Eucharistiefeier)를 위한 성서 구절을 선택할 때 종종 단지 본문의 일부분만을 발췌하여 기도에 사용한다. 발췌한 단면들은 그 본문 본연의 표현 속에 내재해 있는 본문과 밀접한 관련성을 유지하기가 거의 힘들다. 이러한 분리(Abgrenzung)는 대부분 엄격하게 이미 주어진 의도를 따른다. 구약성서 본문에서 (미사나 예배에서) 봉독할 성서 구절은 가능한 한 신약성서의 4복음서와 조화를 이루며 모순이 없어야 한다. 그러므로 이와 관련하여 역행하거나 방해가 되는 방향들은 근절된다.

예배의식의 가위질은 무엇보다도 거의 '유대교적으로'(jüdisch) 들리는, 다시 말하면 이스라엘 역사와 뚜렷이 관련되는 구절에 가해졌다(비교. 예를 들면 거의 이해할 수 없는 에피소드 왕하 5:14-17에 근거한 예언자 엘리사를 통한 아람의 군대장관 나아만의 문둥병 치료에 관한 왕하 5:1-27의 다양한 층으로 구성된 이야기의 제한: 봉독한 해 C, 28번째 일요일 연중모임에서, 또는 그리스도 왕 축일[10월의 마지막 일요일]을 기념하며 겔 34:11-12:15-17

을 봉독한 해 A, 단지 유대교적 이스라엘만이 읽어 이해할 수 있는 겔 34:13-14 구원의 약속에 대한 삭제).

많은 경우 너무 지나친 가위질은 본문에서 신학적 절정의 표현들을 훼손시켰다. 예를 들면 연중모임에서(봉독한 해 A) 다섯 번째 일요일에 이사야 58:6a, 7-10에서 발췌한 구절을 읽으면서, 동시에 이사야 58:6b에 쓰인 중요한 윤리적인 소식을("내가 기뻐하는 금식은 흉악의 결박을 풀어 주며 멍에의 줄을 끌러 주며 압제 당하는 자를 자유케 하며 모든 멍에를 꺾는 것이 아니겠느냐!") 단순히 무시한다면—구체적인 자유에 관한 주제를 다룰 때 교회가 직면하게 되는 어려움 때문에—이것은 지나친 가위질로 신학적인 절정의 표현을 훼손시키는 경우가 아닐까?

신학적인 요소를 파괴하는 이러한 가위질은 '부당한 요구를 하는'(unzumtbar) 구약성서의 하나님 형상(Gottesbild) 앞에 기독교인들을 보호하기를 원하는 예배의 형식 속에서 명백하게 시작된다. 이렇게 그들은 연중모임의(봉독한 해 C) 스물네 번째 일요일 성서 봉독의 경우, 출애굽기 32:7-14의 모세의 기도에서 문학적인 관점에서 볼 때 본문의 중심이 되며, 신학적인 관점에서 볼 때 위협하는 신적인 하나님의 '자기모순'(Selbstwiderspuch)이 표현되어 있는 출애굽기 32:12에 나타나고 있는 청원 부분을 삭제하고 있다. 왜냐하면 출애굽 하나님이 죄를 지은 그의 백성에 대하여 파괴적인 복수의 하나님으로 보일 수 있었기 때문이다. 다음은 질문의 여지가 없다. 모세가 하나님과 논쟁하는 부분과 관련하여 비신학적으로 고양된 길들임(Domestizierung) 때문에 성서 본문은 "심하게 훼손될" 뿐만 아니라[1] 동시에 무력행사 포기(Gewaltverzicht)를 위해서 방향을 바꾸고(비교. 요나서의 신학적인 기본정책!) 단축시키고 으르고 협박하는 성서의 '폭력적인' 하나님에 관한 진실이 '심하게 훼손된다.'

또한 최종적으로 삼위일체 주간 성림강림 후 첫 번째 일요일(봉독한 해 A)을 위해 우리에게 주어진 작게 나누어 붙인 본문을 살펴볼 수 있다. 봉독할 본문으로 선택된 출애굽기 34:4b-6, 8-9의 '본문 작게 나누어 붙이기'는 다양한 관점에서 받아들일 수 없다. (1) 이러한 '본문 작게 나누어 붙이기'는 시작부분과 밀접하게 관련하여 전달되지 않고 이야기의 한가운데에서 시작하고 있다.

(2) 7절을 삭제함으로써 판관이신 하나님에 관하여 부정적으로 느낄 수 있는 측면이 명백히 감추어져 있다. 확실히 7절에서 대두되고 있는 대대손손 죄의 대물림에 관한 주제는 가끔 언급되는 단순한 질문이 아니다.—그리고 만약 우리가 출애굽기 34:6-7의(심판의 하나님은 무엇보다도 끊임없는 인애와 신뢰의 하나님이다.) 변론 안에서 이러한 질문을 생각한다면, 우리는 여기서 7절의 주제를 모면하기 위해서 노력할 필요가 없다. 쉥커(A. Schenker)는 출애굽기 34:7에서 아버지의 죄를 아들에게 앙갚음하는 것이 주제가

1) N. Lohfink, "Exodus 32, 7-11.13-14(24. Sonntag des Jahres)," J. Schreiner, ed., *Die alttestamentlichen Lesungen der Sonn- und Festtage, Lesejahr C 3*(Würzburg/Stuttgart, 1971), 47.

아니라, 오히려 하나님은 징벌을 내리시기보다는[2] 4대에 이르는 죄(Schuldverstrickung)를 응시하시는 하나님의 강한 인내심과 느긋함이 이 부분의 주제라고 주장한다. 쉔커가 토대를 마련하고 제시하는 출애굽기 34:7의 번역/해석을 인정할 수 있다면 이 부분의 본문은 어차피 대부분의 성서의 다른 번역들보다 특별하지 않다.

(3) 출애굽기 34:10의 하나님의 언약이 이에 대한 응답임에도 불구하고 봉독 본문이 9절로 끝나고 있기 때문에, 죄의 용서에 대한 모세의 기도가 응답되지 않는다는 것은 특별히 받아들이기 힘들다. 실제로 이러한 것들이 본문의 중요한 부분들이다. '구약성서의' 징벌과 복수의 하나님은 '회개'(Umkehr)를 원하시고(그것은 죄의 고백과 함께 시작된다. 비교. 출 34:9), 인애와 신뢰의 하나님으로서 용서 속에서 자신을 계시하신다(그의 계약을 언제나 반복해서 새롭게 맺으시는 하나님으로서!).

"예배 의식의 개혁자들"(부분적으로 "폭력에는 폭력으로!"라는 모토에 따라)은 '성서 봉독 구절'에 강제적인 본문 삭제를 감행했고, 그들은 또한 성무일도 때 드려지는 시편들, 소위 말하는 성만찬식(Eucharistiefeier)에서 사용되는 화답 시편들에(봉독에 대한 화답) 이러한 강제적인 본문 삭제를 실제로 행했다. 그들이 이러한 것을 경박하게 분별없이 한 것이 아니라, 오히려 그것을 깊이 생각했

2) A. Schenker, "Versöhnung und Widerstand. Bibeltheologische Untersuchung zum Strafen Gottes und der Menschen," *SBS* 139(Stuttgart, 1990), 86f.

다는 것을 나는 부정하지 않는다. 이러한 처리방식들에 관해서 제2바티칸 공의회(Zweiten Vatikanischen Konzil) 기간 동안 어차피 공의회 자체에서뿐 아니라 다양한 로마의 영역에서 다듬고 손질하는 후속 작업(Nacharbeit)의 경우 너무 상세하게 논란되었기 때문에 단순한 결정은 단연 불가능했다. 그럼에도 불구하고 문제가 된다고 느껴지는 구절들을 지우는 지금 직면한 결정은 나의 견해로는 가장 위험한 결정이다. 왜냐하면 그들은 단순히 시편의 형식과 전체로서의 표현을 훼손시키기 때문이다.

예를 들면 연극 각색(Inszenierung)의 경우 본문이 변경되거나 짧아지는 것은 가장 원칙적인 면에서 불가능하다. 그러나 이것도 예술적인 근거와 희곡작법 그리고 시적인 관점으로 고려하는 측면에서는 가능하다. 가끔 이러한 종류의 작업은 거의 새로운 창조에 도달하기도 한다. 이것은 엄밀히 입증되며 작품의 예술적·정치적 논쟁에 기여한다. 그러나 우리가 짧은 본문을 낭독할 때, 다시 말하면 시 혹은 짧은 시를 낭독할 때 이와 같이 처리하며 취급한다는 것은 거의 불가능하다. 적어도 우리는 14행의 소네트(Sonett)에서 단순히 1행을 지울 수 없다. 이로써 14행의 소네트가 파괴되기 때문이다. 그리고 만약에 서정적인 시에서 1행을 지움으로 긴장감 넘치는 구성(Bildkomposition)이 파괴된다면, 또는 베르트 브레히트(Bert Brecht)의 사회비평적인 시가 정치적 검열을 통해서 핵심이 삭제된다면, 이것은 어떠한 예술적인 작품도 될 수 없으며 오히려 이러한 행위들은 예술의 야만적인 행위이다. 그리고 정확히 말하면 이러한 행위들은 성무일도에서 많은 시편 구절들을 삭제한 경우와 화답시편들을 삭제한 경우에 해당된다. 여기 양자택일의 상황이 기다리고 있다. 시편 본문을 검열받지 않고 전체로 묵상할 수 있든지 아니면 제 2바티칸 공의회의 '기본정책'에서 시편에 관한 논쟁을 제외시키든지, 다른 선택은 없다!

2. 제 2바티칸 공의회 논쟁

바티칸 궁전에서 그리고 위원회에서 공의회 동안 그 이후 소위 말하는 저주시편과 복수시편들과 그 관련 구절들에 반대하여 무엇보다도 네 가지 논쟁점이 다루어졌다.

(1) 복음서의 사랑의 계명과 전혀 걸맞지 않는 시편들은 누락시키거나 드물게 기도로 사용될 수 있다. 이것은 예배의식을 준비하는 위원회의 의장인 추기경 아르카디오 라라오나(Arcadio M. Larraona)가 이미 강조한 요구사항이다.

> "시편을 사용하는 경우(성무일도에서) 다음과 같은 수정이 요구된다. … 복음서의 사랑의 정신에 별로 어울리지 않는 것 같은 시편들은 누락시키거나 거의 드물게 기도로 사용될 수 있다."[3]

이미 중앙위원회에서 이 문제에 대한 첫 번째 처리방법으로 추기경 에르네스토 루피니(Ernesto Ruffini)에 의해서 시편 55, 58, 83, 109, 129, 137편 그리고 140편의 삭제가 단호하게 제안되었다.[4] 이 시편들은 구체적인 배경이 설명되지 않은 채 시편의 핵심 요지를 표현하고 있으며, 이 핵심 부분에서 시편 반대자(Psalmengegner)는 언제나 반복해서 소모전을 벌이고 있다. 중앙위원회에서 이후에 교황 바울 6세(Papst Paul VI)가 된 추기경 기오반니 몬티니(Giovanni Montini) 또한 이 의견을 지지했다.

(2) 신앙의 경건과 내적인 영혼의 조화에 기여하지 못하는 시편들은 받아들일 수 없다(대주교 도메니코 카포치[Domenico Capozi]의 문서를 통한 판결[5]).

(3) 저주시편들은 예수 그리스도를 목표로 하고 예수 그리스도 안에서 가능하며 그 안에서 성취되는 계시의 역사가 아직 완성되지 않은 단계에 관한 표현이며, 문자로 기록된 표현이다. 구약성서의 많은 부분이 신약성서를 통해서 보완된 것처럼(예를 들면, 예배를 위한 규칙제정) 어차피 예수님도 기도하시는 데 사용했다고 생각할 수 없는 이러한 시편들은 보완되어야 한다. 새 언약은

3) 이 결정에 관한 라틴어 보고는 다음을 참조하라. V. Huonder, *Die Psalmen* 6 Anm, 26.

4) 이 결정에 관한 라틴어 보고는 다음을 참조하라. V. Huonder, *Die Psalmen* 6f Anm, 30.

5) 이 결정에 관한 라틴어 보고는 다음을 참조하라. V. Huonder, *Die Psalmen* 11 Anm, 11.

새로운 노래와 기도를 필요로 한다. 논쟁에 참여한 몇몇의 사람들은 이러한 시편 중 대부분은 우리의 역사와는 무관한 이스라엘 역사와 너무 지나치게 연결되어 있다는 의구심을 갖는다. 이러한 구원사적인 진화론(Evolutionismus)으로부터 공의회에서 상당히 많은 논쟁을 거친 후 판결이, 근본적으로 구약성서의 시편들에서 한 부분을 발췌한다는 것 그리고 그것을 통해서 더욱 강하게 성무일도를 기독교적인 기도로 만드는 것에 찬성하므로, 그 결과 지금까지 신약성서적인 본문과 특별히 기독교적인 찬양시의 본문들이 생겨났다.

(4) 많은 결정은 목회적·심리적 관점을 입증한다. 유대교적 성격이 너무 강한 시편들 또는 이해하기 쉽지 않은 시편들 또는 갑작스러운 저항과 거부를 유발시키는 시편들은 무엇보다도 성무일도가 모국어로 낭독되어지는 곳에서 삭제될 수 있다. 그리고 성서와 성서의 언어에 대하여 어떠한 선이해가 없는 사람들 앞에서 시편들이 낭독되어질 때 '그럴 때에 여기서' 삭제될 수 있다. 추기경 에르네스토 루피니(Ernesto Ruffini)는 다음과 같이 논증하고 있다.

> "우리가 아무리 시편을 찬양한다고 해도 그것은 충분하지 않다. 성 아타나시우스(Athanasius)는 시편을 성서의 모든 나머지 책들 위에 배치했다. 왜냐하면 많은 꽃을 가지고 있는 정원처럼 시편은 나머지 성서의 모든 책들 안에 나타나기 때문이다! 성 토마스(Thomas)는 시편 안에는 신학의 전체적인 내용이 요약되어 있다고 말하고 있다.

더욱이 루터는 선언하고 있다. '전체 성서를 읽기 위한 충분한 시간을 갖고 있지 않는 사람들도 시편을 통해서 성서의 열매를 포기하지 않도록, 성령은 시편 안에 편람(Kompendium)처럼 모든 것을 다 눌러 새긴 것처럼 보인다.' 성무일도의 낭독에서 특별히 수도회 사람들과(이들은 목회자들은 아니다.) 평신도들이 모국어로 기도하는 경우에는 적지 않은 시편들이 반드시 삭제되어야 한다고 나는 생각한다. 다시 말하면 저주시편들은 삭제되어야 한다. 시편의 저자가 원수에 대한 징벌을 저주의 말로 요구하는 시편 69:23-29로 인해서 사람의 마음이 얼마나 충격받을 수 있으며 파헤쳐질 수 있는지에 관해서 보지 못하는 사람은 아무도 없다. '그들의 밥상이 올무가 되게 하시며 그들의 평안이 덫이 되게 하소서. 그들의 눈이 어두워 보지 못하게 하시며 그들의 허리가 항상 떨리게 하소서…' 물론 성 토마스는 그의 뛰어난 지혜와 통찰력으로 시편에 나타나는 저주에 관해 가장 잘 주석했으며 설득력 있게 설명하고 있다. … 그럼에도 불구하고 성서학적으로 충분히 교육되지 않은 많은 사람이 이웃에 대한 그런 종류의 저주를 통해 쉽게 그리고 빠르게 상처를 받고 있다."[6)]

다양한 입장들이 성무일도에서 시편(부분들)을 지우거나 삭제하는 것에 반대한다. 그러나 교회의 시편 검열에 반대하는 이들은 성서를 해석학적·신학적으로 깊이 성찰하는 것을 놓치고 말았다. 그

6) 이 결정에 관한 라틴어 보고는 다음을 참조하라. V. Huonder, *Die Psalmen* 8f Anm. 38.

들은 대체로 (거의 근본주의자처럼) 시편이 가지고 있는 2000년 전통의 권위와 '하나님 말씀'으로서 성서의 권위를 논증하고 있다. 예를 들면 1962년 첫 공의회 결정과 1963년 두 번째 공의회 결정사이의 기간에 1962년의 쟁점인 "성무일도의 중요함"을 처리해야만 했던 주교 알베르트 마틴(Albert Martin)은 예배위원회의 특별 임무로, 수정 보완된 본문을 제출할 때 이러한 과정을 다음과 같이 정리하고 있다.

"몇몇의 공의회 고위 성직자들은 시편의 내용으로 이루어진 일상기도서(문)에서 저주와 복수에 관해 표현하고 있는 시편들을 삭제하기 원했다, 또한 '최후의 일'[죽음 이후의 삶]에 관한 계시의 내용이 아직 완성되지 않은 채 나타나고 있는 시편들, 더 나아가 이스라엘의 역사를 가르치는 시편들 또는 최종적으로 경건을 지향하는 데 부족한 시편들을 삭제하기 원했다. 그러나 위원회와 관련되어 있는 다른 고위성직자들은 이러한 견해들을 거부했다. 시편 전체가 성서의 보물에 속한다. 그리고 우리는, 우리 영혼의 한계와 부족함 때문에 지금 우리가 이해할 수 없는 시편의 부분들조차도 영적으로 고무적이라는 것을 알고 있다. 우리가 선호하는 시편을 부분적으로 선택하는 것은 아마도 이성적인 유혹에 넘어가는 것이다. 게다가 우리가 이해할 수 없는 이러한 시편 부분들이 솔직히 말하면 우리의 형제들에게 경탄을 불러일으킬 수 있다. '쓰인 모든 것이 교훈을 위한 것이다'(롬 15:4). 그렇지 않으면 신약성서로부터 취해진 거룩한 예배의식과 관련하여 나타나고 있는, 앞에서 언급한 시편과 같은 내용을 언급하거나 인용하고 있는 부분들도 지워야만 한다."[7]

공의회에서 많은 충돌을 빚어낸 성무일도(聖務日禱) 개혁을 구체화한 예배위원회의 아이메 게오르게스 마티모르트(Aime Georges Martimort)는 더욱 간결하고 역동적인 언어들로 1968년 다수 분파의 전체 분위기를 아래와 같이 정리한다.

"우리가 만약 이러한 시편들이 어떤 사람들의 (예배의) 모임에 적합하지 않다는 것 또는 더 나아가 그 표현의 형태들을 더는 사용하지 말아야 한다는 것을 말한다면, 성 안셀름(Anselmo)의 수도자가 도달한 결론처럼 모든 시편은 어떠한 방법으로도 현대적인 사고와 일치할 수 없다는 결론에 이른다. 그러면 자기중심주의(Subjektivismus)가 지배하게 되고 성서와 복음서의 본문을 위한 확실성은 더는 존재하지 않게 된다. 그 다음에 가능한 해결책은 시리아 사람들(Syrern)의 경우처럼 시편을 위한 대치(代置)로서 시편 구절들의 선택과 분류, 새로운 시편과 찬양시를 기록하는 것이다. 그러나 그것은 25년 이래 꽃피기 시작한 성서에 대한 사고의 퇴보(退步)가 된 셈이고, 얼마 안 가서 이러한 새로운 산물은 싫증을 초래했다."[8]

7) 이 결정에 관한 라틴어 보고는 다음을 참조하라. V. Huonder, *Die Psalmen* 12 Anm. 50.

8) 이 결정에 관한 라틴어 보고는 다음을 참조하라. V. Huonder, *Die Psalmen*

교회 성무일도의 요소로서 시편의 필연성을 강조하고 있는 변호자들은 1967년 주교회의에서 상세하게 이야기된 공적인 견해를 그들의 입장에서 해석했다. 1967년 10월 26일 주교회의에서 질의된 네 가지 질문 중 하나는 "4주로 나누어진 시편(Psalter)의 정규 프로그램에서 그들이 저주시편과 역사시편들을 보존하여 유지해야 하는지였다. 표결: 예 117, 아니오 25, '목적에 따라서'(iuxta modum) 31. '목적에 따라서'를 제시한 사람들은 세 편의 실제적인 저주시편들이 일반적인 사이클 속에서가 아니라 오히려 모두에게 의무가 아닌 성무일도(Horen)에 수용하는 것을 제안했다. 또는 성서에 아주 정통한 사람들에 의해서 저주시편들이 성무일도에 수용된다면 그 결과 그들은 저주시편들에 관하여 올바른 이해와 영적인 유익함을 가지고 기도할 수 있다."[9)]

공의회 성직자들의 다수와 1967년 주교회의의 압도적인 다수 그리고 성무일과서(聖務日課書) 혹은 일상기도서(문)의 개혁(Brevier-reform)을 수행한 예배위원회의 다수는 결국 시편 전체를 고수하기로 했다. 그럼에도 불구하고 바울 6세는 널리 퍼져 있는 이러한 결정과 시편의 순수성에 반대했다. 그는 공의회 토의에서 추기경으로서 그의 견해를 오해의 소지 없이 관철시켰다.

101; deutsche Übersetzung ebenda.

9) Nach A. Bugnini, *Die Liturgiereform. 1948-1975. Zeugnis und Testament*(Freiburg, 1988), 540.

3. 1971년 로마의 결정

1971년 출간된 논문 131. "성무일도에 관한 일반적인 개론"에서 단정하여 말한 결정은 교황의 개입으로[10] 소급된다.

> "저주의 특징이 지배적인 세 편의 시편 58, 83편 그리고 109편은 성무일도를 위한 시편으로 수용할 수 없다. 또한 다른 시편에서 첫 부분에서 이미 인식할 수 있을 정도로 이 시편에서 나타나는 동일한 구절들을 취하고 있다면 이 구절들은 누락시킬 수 있다. 비록 저주 시편들이 신약성서의 경건한 신앙 세계에(예를 들면, 계 6:10) 존재하고 어떠한 방법으로도 저주에 유혹되지 않을지라도, 본문의 이러한 누락들은 심리적인 문제 때문에 발생된다."

다음의 시편 구절들은 이 논문에서 주장하고 있는 교회 '검열'의 희생물이 되었다. 5:11, 21:9-13, 28:4-5, 31:18f., 35:3a, 4-8:24-26, 40:15-16, 54:7, 55:16, 56:8, 59:6-9:12-16, 63:10-12, 69:23-29, 79:6-7:12, 110:6, 137:7-9, 139:19-22, 140:10-12, 141:10, 143:12.

"성무일도에 관한 일반적인 개론"에서 발생하는 이와 같은 누락

10) 이 결정에 관한 라틴어 보고는 다음을 참조하라. V. Huonber, *Die Psalmen* 19f., 97-99.

은, 가능한 한 "폭력으로부터 자유롭게" 감성을 건드리지 않고 오히려 교회의 진정한 시편 기도를 만들기 위한, 미사경본(Messbuch)에서 화답시편의 발췌시 공식적인 중심사상이었다.[11] 결론적으로 단지 '아름다운' 그리고 쉽게 '공감할 수 있는' 시편들 또는 시편 부분들만을 예배를 위해서 수용하려는 의도가 여기서 실행되어졌다. 일요일에 읽혀지는 시편들 또는 시편의 단락들을 관찰해 보면 세 가지 관점을 묵과할 수 없다.

(1) 시편에서 모든 시편의 절반가량은 화답시편으로 사용될 수 있는 '특별한 영광'(Ehre)을 가지고 있지 않다.

(2) 원수와 폭력의 모티브 그리고 그들의 하나님에 대한 의혹이 표현되어 있는 탄원시편들에 관해서는 전혀 고려하지 않거나 불충분한 고찰이 있을 뿐이다. 그와는 달리 하나님 찬양 또는 하나님 신뢰를 강조하여 표현하고 있는 긍정적인 시편들은 여러 차례에 걸쳐 사용되어진다. 시편 23편은 일곱 번 발췌된 선두주자이다. 두 번째 자리는 각각 다섯 번씩 지명된 시편 33, 34, 96, 104편이다.

(3) 완전한 원문은 단지 시편 15, 23, 117, 121, 122, 123, 126, 128, 130, 131, 138편의 경우에만 해당된다. 나머지 발췌된 모든 시편은 단지 단락별로만 봉독되고 동시에 '당연한 귀결로서' 불쾌감이 느껴지는 요소들을 삭제했다. 나머지 본문의 잘려진 부분이 성서의 완전한 본문으로부터 분리되어 기도의 원동력을 갖는다는 것

11) 비교. 비평적인 분석인 경우: L. Vanlanduyt, "The Psalms in the Catholic Sunday-Liturgy," *QL* 73(1992), 146-160.

은 대부분의 경우 지나친 것이다.

'일반적인 견해'에 따라 이러한 본문을 작게 토막 내는 작업이 '어떤 심리적인 문제 때문에' 수용되었다는 주장은 특별히 첫 번째 관점에서 이해하기 어렵다. 로마의 자료에 대한 두 번째 관점의 경우 시편에 대한 이러한 처리방식이 가능하다는 것은 당연히 이상한 일이다. 왜냐하면 비록 저주시편에 대한 반대자들이 공의회 때 저주시편의 신학적인 문제를 다양하게 제안했을지라도, 큰 문제가 될 수 있으며 동시에 내 견해에 의하면 더는 수용할 수 없는 이들의 신학적인 평가에 — 구약성서의 한 부분으로서 시편에 대한 신학적인 가치 — 의해서 위에서 언급한 처리 방식이 수용되었기 때문이다. "일반적인 개론"에서 시편에 대한 신학적인 가치는 세 가지 주제로 요약할 수 있다.

(1) 시편이 구약성서의 본문이 되는 한 시편은 기독교 이전의 원천으로부터 기인된 불완전성의 특징을 부분적으로 지닌다.

> "… 시편은 그리스도 주 안에서 시작되는 시간의 충만한 그림자이며, 그곳으로부터 교회의 기도가 힘을 얻는다. 모든 기독교인의 경우 시편의 고무적인 높은 평가에도 불구하고 만약 기독교인이 본래의 모습 자체에 가치 있는 시편 노래들을 기도하기 위해 수정한다면 종종 어려움이 발생한다는 것은 놀랄 일이 아니다"(Art. 101).

(2) 다른 구약성서의 본문처럼 시편은 묵시 신학적인 가치를 가

진 특정적인 언어가 아니라, 오히려 시편의 의미를 단지 예수 그리스도로부터 찾는다. 또한 예수 그리스도는 시편을 읽고 시편으로 기도했을 뿐만 아니라 예수 그리스도를 통해서 시편은 상대화되었다.

> "교회의 이름으로 시편을 통해서 기도하는 사람은 시편의 전체적인 의미, 무엇보다도 메시아사상을 고찰해야만 한다. 그것 때문에 교회가 전체 시편을 수용했기 때문이다. 이러한 메시아사상은 그가 제자들에게 말함으로 신약성서에서 밝히 나타나며 그리스도에 의해서 증명된다. '모세의 율법과 선지자의 글과 시편에 나를 가리켜 기록된 모든 것이 이루어져야 하리라'"(눅 24:44)[Art. 109].

(3) 시편은 언어의 의미에 따르면 비기독교적이기 때문에 성무일도를 위해서, 의심의 여지없이 기독교적인 본문으로 수정되어 기독교적으로 될 수 있다.

> "라틴 교회의 전통은 시편을 이해하기 위해서 그리고 시편을 기독교적인 기도로 만들기 위한 세 가지 해결책을 제시한다. 표제(Überschriften), 시편종결기도(Psalmorationen)와 무엇보다도 미사 때의 교창(Antiphonen)"(Art. 110).

이 경우 구약성서와 신약성서 안에서 두 언약의(Testamente) 관계 설정이 결코 이 양자가 분리된 자기이해 속에서 적합할 수 없다는 것 특별히 메시아에 관한 제한된 사용(Engführung)은 더욱이 신약성서의 시편 수용과 위배된다는 것을 여기서 계속해서 논증할 필요가 없다. 왜냐하면 이것은 다른 곳에서 이미 다양하게 발생하기 때문이다.[12)]

교회의 시편에 대한 이러한 처리방식이 시편이 신뢰할만한 유대교의 기도라는 것을 전혀 고려하지 않은 사실은 매우 유감스러운 일이다. 또한 그렇기 때문에 제 2회 바티칸 공의회가 주도한 유대교에 대한 기독교적인 새로운 시각의 지평에서 유대교적인 기독교의 문제가 가장 높은 우선순위에 놓여 있다. 내가 옳다면 로마의 이러한 자료들은 아무런 가치가 없는 것에 대하여 언급하고 있는 것이다!

4. 설득력 없는 논증

교회의 "시편 검열"을 위해 제시된 근거들이 얼마나 그 설득력과 유용성이 결여되어 있는지 다음 네 가지 성찰을 통해서 증명될 수 있다.

---

12) 비교. 특별히 E. Zenger, *Das Erste Testament. Die jüdische Bibel und die Christen* (Düsseldorf, ^{3}1993); ders., *Am Fuß des Sinai. Gottesbilder des Ersten Testaments* (Düsseldorf, 1993).

(1) 유대교와 달리 높은 윤리적 종교인 기독교의 이름 안에서, 특별히 예수의 '새로운' 사랑과 평화 윤리에 대한 지적과 함께, 구약성서의 복수시편과 원수시편들을 받아들이지 않거나,[13] 또는 수정하기를 원하는 사람은 반복해서 발생하는 성서학에 대한 검증결과를 인식해야만 한다.

한편으로는 이러한 본문들은 신약성서의 본문들과 긴장감 안에 있는 것이 아니라 오히려 유대교의 성서/첫번째 언약 자체 내부의 본문들과 긴장감 안에 있는 것이다. 원수 사랑의 계명은 토라의 중심에 서 있다(레 19:17-18). ─ 그리고 출애굽기 23:4-5; 신명기 22:1-4; 잠언 25:21과 끝으로 시락서 28:1-7이 보여주는 것처럼 전체적이며 결코 지엽적이지 않다. 레위기 19:17-18의 "보충기록"(Fortschreibung), 레위기 19:33f.의 이방인에 대한 사랑의 계명을 우리가 언제나 읽을 수 있는 것처럼 원수사랑은 레위기 19장에서

13) 이러한 인습적인 생각이 기독교 역사에 얼마나 깊이 뿌리내렸는지 예를 들면, 젊은 헤겔의 본문이 증명해 주고 있다. "영혼은 단지 영혼만을 인식한다. 그들은 예수 안에서 단지 그의 형제와 친척과 함께 살고 있는 인간, 나사렛 사람, 목수의 아들을 보았다. 그는 그 이상이 될 수가 없었다. 그리고 그들이 아무것도 아니라고 스스로 느끼는 것처럼 그는 그들처럼 단지 한 인간이었다. 유대인의 무리들에게 뭔가 신적인 것을 부여하려는 그의 노력은 수포로 돌아갔다. 왜냐하면 신적인 것에 대한 믿음과 위대한 것에 대한 믿음은 하찮은 것이 아니라 소중하기 때문이다. 사자는 땅콩 속을 그의 거처로 삼을 수 없다. 영원한 영혼은 유대인의 정신적 감옥 속에 머물러 있을 수 없다. 삶의 모든 것은 건조한 지면 속에 존재할 수 있는 것이 아니다."[비교. Hergels "theologische Jugendschriften," herhausgegeben von H. Nohl(Tübingen, 1907), 312].

뿐만 아니라 유대교에서 제한되지 않는다는 사실을 알 수 있다. 시락서의 단편에 복수에 반대하는 열정적인 훈계(Paränese)와 화해를 위한 적극성이 표현되어 있다. 동시에 시락서 28:17에서 레위기 19:17-18을 넌지시 암시한다는 사실은 다시 한 번 명확하게 초기 유대교 안에서 원수 사랑의 계명이 중요한 역할을 했다는 것을 말해준다.

> 복수하는 자에게 하나님은 복수하며,
> 그의 죄를 기억하신다.
> 네 이웃의 잘못을 용서하면
> 네가 기도할 때
> 너의 죄를 용서받으며
> 다른 사람에 대하여 화를 품은 사람이
> 하나님께 자기를 치유하시길 구하겠는가?
> 그가 그의 죄 때문에 은혜를 간구할 것이나
> 그와 같은 자에게 하나님은 자비를 베풀지 않으신다.
> 그가 비록 육의 존재일지라도
> 그가 원망을 품으면
> 누가 그의 죄를 용서하겠는가?
> 마지막을 생각하고, 적대감으로부터 벗어나라!
> 멸망과 죽음을 생각하고,
> 계명을 신실하게 지켜라!

계명을 생각하고, 그리고 이웃에게 원한을 품지 말고,
가장 높은 계약을 생각하고
그리고 죄를 용서해라!(시락서 28:1-7)

시편 137편의 바벨론에 대항하는 고난의 외침(Ohnmachtsschrei)을 구약성서의 전형적 유대교적 표현으로 비난하는 자는(비교 III. 5), 예를 들어 예언자 예레미야는 주전 597년 포로에게 보내는 그의 편지에서 바벨론을 위한(für) 기도 요청을 하고 있다는 사실을 기억해야 한다(비교. 렘 29:7). 이스라엘과 이스라엘의 적 그리고 죄 지은 인류 전체에 대한 하나님의 징벌과 분노를 다루고 있는 신학적 진술은 구약성서 전반에 걸쳐 잘 다루어져 있으며, 그렇기 때문에 오해의 소지가 없다. 이러한 사실은 특히 이사야 54:6-10; 호세아 11:1-11; 느헤미야 9:6-37(이스라엘), 요나서(이스라엘의 죽음의 적)와 성서의 노아 방주 이야기(인류 또는 모든 생물: 비교. 창 8:21-22, 9:8-17)에서 알 수 있다. 두 번째 계약(신약)에서뿐만 아니라, 첫 번째 계약(구약)에서도 폭력과 복수를 극복하려는 노력이 존재했다. 아벨을 죽인 가인의 원역사 이야기에는 단순히 근본적인 죄("원죄"[Erbsünde])로서 폭력을 감추지 않고 있다(비교. 창 4:6-8:10-12).—동시에 폭력 행사자 가인에게 가해지는 복수도 허용하지 않았다(비교. 창 4:15f.). 정치와 사회에서 모든 폭력의 형태에 대한 저항은 이스라엘 모든 예언자의 언어를 통해서 전해지는 주제이며 근본사상으로 보인다. 예언자들의 폭력에 대한 비판은 당연히 메달의 한 부분이며, 그 다른 부분은 그들이 사회와 정치에서 "원수 맺지 않음"을 적극적으로 고양시키고 동기를 부여하기 원하는 그들의 평화에 대한 유토피아이다(비교. 알려진 본문 사 2:1-5=미 4:1-5; 사 11:1-10; 창 1:29-30).

첫 언약의 책에서 하나님은 확실히 "복수의 하나님"으로 선포되었지만(더 구체적인 이해를 위해서 비교 IV), 긴장감 넘치는 것은 그런 표현과 나란히 복수를 실행하지 않는 "용서의 하나님"으로 선포하는 표현들이 있다는 사실이다(예를 들면, 이것은 요나서의 주제이다).

그를 찾으라,
그를 만날 때이다!
그를 부르라,
그가 가까이 계신다!
악인은 그의 길을 떠나며,
불의한 자는 그의 생각을 버리고,
그에게 돌아오며,
그는 우리 하나님께
긍휼히 여김을 받으리라.
왜냐하면:
"나의 계획은 너의 계획과 다르며
나의 길은 너희의 길과 다름이라"

그의 말씀이니라.

왜냐하면:

“하늘이 땅보다 높음 같이

내 길은 너희 길보다 높으며,

내 계획은 너희 계획보다 높음이니라”(사 55:6-9; M. Buber의 번역).

구약성서=폭력, 신약성서=비폭력으로 단순하게 분류하는 것이 옳지 않다는 것은 신약성서 스스로 보여주고 있다. 신약성서 자체도 구약성서의 폭력에 관한 본문을 ‘긍정적으로’ 이해하고 전개할 뿐만 아니라(비교. 눅 21:20-24; 롬 12:19f.; 히 10:30f.가 수용하고 있는 신 32:35f. 또는 계 2:26f., 12:5, 19:15에 나타나는 폭력적인 메시아에 관한 시 2편의 인용) 수많은 구절들 속에서, 특별히 묵시적인 표현을 가진 배경 안에서 폭력적인 복수의 하나님에 관한 표현들이 구약성서를 능가하기 때문이다. 이것은 마르키온이 기독교 성서의 비폭력성을 위한 노력에서 구약성서를 제외시킬 뿐만 아니라 신약성서를 자기 멋대로 삭제함으로써 드러난 사실이다(“깨끗하게 순화된” 누가복음서와 “깨끗하게 해명된” 10개의 바울 편지들만이 남겨져 있다). 비록 우리가 다른 결론을 이끌어낼지라도(그리고 많은 사람이 세세한 부분에서 다르게 생각할지라도) 진지하게 우리가 인정해야 할 중요한 인식을 성서와 교회 비평가 프란츠 부글레(Franz Buggle)가 다음과 같이 언급한다.

"규범에서 벗어난 관계, 범죄자 그리고 죄인들에 대한 취급방식과 관련하여 구약성서와 신약성서 사이의 근본적인 차이는 없는 것일까? …

먼저 우리가 공관복음으로 눈을 돌린다면, 거의 대부분 성서학자들의 일치된 견해에 따라 가장 진지하며 설득력 있는 복음서 마태, 누가 그리고 마가복음으로 방향을 전환한다면, 선입견 없는 독자는 여기서 이미 언급된 상황에 직면하게 된다. 인간을 윤리적이며 긍정적으로 평가하는 '공감이 가는' 예수의 특징 – 병든 자의 치유(그들은 물론 정확히 악령과 맞서 싸우고 있다. …), 죽은 자의 부활, 죄의 용서, 세리와 죄인들에게 오심, 형식주의로 굳어버린 안식일 성수의 반대, 하나님 사랑과 이웃사랑을 위한 지배가 아니라 원수 사랑을 위한 폭력의 포기를 위한 헌신이 정도를 벗어난 폭력적인 '징벌에 대한 환상과 위협'에 대한 성서의 특징적인 경향과 끊임없이 밀접하게 연결되어 삽입되었다(교회의 정신적인 지배 아래 있었던 중세 기독교의 근본적인 징벌에 관하여 어렵지 않게 생각할 수 있다. 익사, 화형…). 예수의 말씀: '누구든지 나를 믿는 이 소자 중 하나를 실족케 하면 차라리 연자 맷돌을 그 목에 달리우고 깊은 바다에 빠뜨리는 것이 나으니라. 실족케 하는 일들이 있음을 인하여 세상에 화가 있도다. 실족케 하는 일이 없을 수는 없으나 실족케 하는 그 사람에게는 화가 있도다'(마 18:6-7 상응하는 말씀 막 9:42와 눅 17:2).

그것의 속성은 사실 더는 계속해서 언급될 필요가 없는 징벌에 대한 환상과 위협에 관한 본문은 계속되고 있다. '만일 네 손이 너를 범죄케 하거든 찍어버리라 불구자로 영생에 들어가는 것이 두 손을 가지고 **지옥의 꺼지지 않는 불에 들어가는** 것보다 나으니라. 만일 네 발이 너를 범죄케 하거든 찍어 버리라 절뚝발이로 영생에 들어가는 것이 두 발을 가지고 지옥에 던지우는 것보다 나으니라. 만일 네 눈이 너를 범죄케 하거든 빼어버리라 한 눈으로 **하나님의 나라에 들어가는 것이 두 눈을 가지고 지옥에 던지우는 것보다 나으니라. 거기는 구더기도 죽지 않고 불도 꺼지지 아니하느니라**(막 9:43-48 상응하는 마 5:29-30; 산상수훈 범위 내에 있는 이 모든 것들).

예수는 이렇게 신약성서의 특징적인 징벌에 대한 이해를, 다시 말하면 영원한 지옥 징벌을 통해서 징벌의 위협을 가르쳐주고 있다. 심리적으로 치유 불능의 끔찍한 파멸을 일으키는 이러한 징벌의 영향력은 기독교 역사 속에서 많은 사람에게 전혀 과장된 것이 아니었다. 사람들은 종교교육을 통해서 자신을 모든 관습에서 해방시키기 위해 노력한다. 또한 여기서 영원히 지속되는 극도의 고통과 위협을 심리적으로 해석하려고 노력한다. 그와 반대로 그 밖의 잘 알려진 모든 고문과 징벌은 퇴색해진다. 왜냐하면 이것은 시간상으로 제한되기 때문이다. 예수의 긍정적인 특징을 인식하는 모든 경우(그리고 신앙인이 관용의 감정을 갖는 모든 경우): 이러한 징벌의 위협을 당연한 것처럼 가르치고 이것을 통해서 징벌의 환상을 문제의식 없이 수용하고 발전시키는 윤리적이고 종교적인 스승, 이러한 사람이 오늘날 여전히 절대적 선과 절대적 사랑의 화신으로서, 하나님이라고 선언될 수 있을까?

일반적으로 이 책에서 강한 표현을 절제하기 원하지만, 심리적 공포의 영원히 지속되는 극도의 고통이 있는 위협과 같은 다른 심리적인 현상은 거의 존재하지 않는다! 십자가 교훈에 나란히 신약성서에 근거하고 있는 기독교 교회와 신앙고백에 회복 불가능한 추문들이 있다. 이점에서 신약성서는 고대의 잔혹한 잔인함과 관련하여 구약성서로 되돌아간다."[14]

부글레가 지적하고 있는 이러한 문제점은 확실하다. 성서의 "복수의 하나님" 문제는 구약성서 시편 몇 편을 삭제함으로 해결될 수 없다. 신약성서를 알지 못하거나 공정하지 못하게 평가하는 사람들만이 이러한 생각에 이른다.

구약성서의 저주시편과 복수시편을 평가한 최종적 결과로서 절대적 폭력 포기의 윤리와 산상수훈의 윤리에 관련하여 상황을 전혀 고려하지 않는 근본주의적인 이의신청(Rekurs)은 가장 큰 문제이며 두 개의 상반된 가치를 동시에 함유하고 있다. "평화에 대한 절대적 요청은 언제나 잘 나가는 사람들이 시인하고 강조한다. 그러나 만약에 사람들이 그들의 권리를 보장받기 위해 목소리를 높여야 한다면 평화의 기준은 뜻밖에 이들을 대항하는 무기가 된다. 고난으로 어려움 당하지 않고 동정심이 없는 자들은 긍정적이다. 그래서 무감각의 지배에 이른다. 이러한 실제적인 고통과 두려움

14) F. Buggle, *Denn sie wissen nicht*, 95–98.

은 더는 언급되지 않는다."[15)]

이러한 전형적인 문제 혹은 '저주 본문'의 항의와 '폭력의 하나님에 대한 탄원'은 예수의 윤리란 이름으로 혹은 '기독교적' 윤리의 이름 안에서 반유대교적인 상투어(Klischee)를 재창조하고 견고하게 하려는 위험에 빠진다. 유대교의 시편에 대한 불손한 '기독교적인' 판단은 그 외에 기독교적인 실천으로 '기독교적인' 평화와 사랑의 윤리는 왜 유대인에 대해서 인색한지 생각해 보아야 한다. 공의회가 "저주시편"에 관한 논쟁에서 특별히 기독교적으로 유발된 폭력의 유혹에 관해서 다른 사람들에게 대부분 '평화에 대한 열정'에 따라서 대가를 강하게 요구하고 있는데, 그들은 그들 자신의 싸움을 해결하려는 기관으로서 교회의 구조적 무력함에 관하여 어떠한 언급도 하지 않았다는 것은 놀랄 일이 아니다.

(2) 시편이 제어되지 않은 열정으로 경건한 기도와 충돌하고 그리스도를 겸손하게 순종하는 행위와 모순된다는 주장은 예를 들면, 기독교 구약학자 요한네스 피츠너의 입장이 증명해주는 것처럼 신학적으로 합법화될 수 있는 것처럼 보인다.

"시편의 탄원시는 하나님께서 그의 백성들과 경건한 사람들의 현재 운명을 바꾸기를 원하신다는 것으로 채워져 있다. 불행과 고난은 하나님과의 단절을 의미한다. 그러나 죄의 결과와 용서는 필수적으로

15) Baldermann, *Einführung in die Bibel*(Göttingen, ^{3}1988), 90f.

축복의 회복과 삶의 보존과 연결된다.…

예수는 하늘에 계신 아버지가 그들을 돌보신다는(마 6:25ff.) 것과 만약에 그들이 하나님 나라를 구하면 '이러한 모든 것이 그들에게 더하리라'(마 6:33)는 것을 선포한다. 그의 이름으로 구하는 자에게 그는 청을 들어주고(마 7:7-11), 하나님께 도움과 구원을 기도할 것을 그의 제자들에게 촉구하고 있다(눅 11:5ff., 18:1-7). 그러나 주(Herr)는 그를 따르는 자(Nachfolge)에게 필수적으로 박해와 고난과 궁핍이 속한다는 사실을(마 10:34ff.; 눅 9:58) 의심치 않으며 그의 제자들은 '현재의 고난은 장차 우리에게 나타날 영광과 족히 비교할 수 없다'(롬 8:18)라고 고백하고 있다. 우리가 어떻게 현재의 기억에 남겨 있는 시편의 말씀을 따라 기도할 수 있을까?"[16]

여기서 다시 질문이 제시된다. 항변하는 하나님의 절규와는 달리 신약성서에서 십자가상의 예수가 외친 시편, "나의 하나님, 어찌하여 나를 버리셨나이까?"는 무엇일까? 신정론(Theodizeefrage)은 순수하게 사변적인 문제인가? 아니면 신정론이 하나님 자신에게 던져진 질문이기 때문에 그 질문의 급진성 속에서 그 해답 자체에 전혀 도달할 수 없는 것일까? 여기서 신정론이 기도를 통해서 하나님을 찾는다는 점에서 아마도 설득력 있는 하나님 증명이 아닐

16) J. Fichtner, "Vom Psalmenbeten. Ist das Beten aller Psalmen der christlichen Gemeinde möglich und heilsam?," J. Fichtner, ed., *Gottes Weisheit. Gesammelte Studien zum Alten Testament*(Stuttgart, 1965), 83f.

까? 시편에서 하나님을 탐색하는 것을 열정적으로 반대하는 자들은 조화로운 하나님에 대한 충성을 요구하는데 그들의 이러한 충성은 실제로 이 땅에 기대하지 않았던 불을 던지려고 온 성서의 예수를 따르는 자 안에 있는 경건인가? 그들의 응답 기독론(Erhörungs-christologie)[17] 속의 청원과 감사, 성탄절과 부활절의 아름다운 멜로디 또는 질서 있는 화음만을 기독교의 훌륭한 기도로 평가하는 시편 비평가들은 성서의 하나님을 사람들이 '추근거릴 수' 없는 '높은 인격'을 가진 분으로 혼동하고 있는 것은 아닐까? 그들은 최종적으로 기도의 언어를 교리 문답서의 언어로 혼동하지는 않는가? 언어의 금기(Sprachtabu)를 선언하는 이러한 종류의 경건은 인간에게 반드시 존재해야 하는 그들의 삶 속에서 최종적인 것을－원수들에 대한 두려움과 자기 자신에 대한 두려움의 중심에 하나님에 대한 두려움 없이 하나님 찾음(Gott-Suche)－허용하지 않는 것은 아닐까? 성서 시편의 탄원과 파괴에 대한 바람은 고뇌에 무감각하게 되어버린 자들과 교회의 흔들리지 않는 정연한 질서를 원하는 자들의 차가운 침묵 속에 있는 평화를 깨뜨린다(Störenfried). 성서 시편의 탄원과 파괴에 대한 바람은 확실히 곤혹스럽고 분개할만하다. 그러나 이러한 탄원과 파괴에 대한 바람은 하나님께 모든 것을

17) 전통적인 기독교의 외침 "그리스도여, 우리의 청을 들어주소서"는 아주 제한적인 면에서 성서적으로 합법적이다. 일반적으로 '청을 들어주다'로 번역되는 히브리어 동사는 '대답하다'를 의미한다. 예배에서의 외침은 '우리의 하나님! 우리에게 응답하여 주소서!'를 의미한다.

그대로, 하나님에 대한 회의와 하나님으로 인한 고난까지 하나님께 위임하는 일종의 원시 형태(Ur-Form)의 기도이다.

(3) 구약성서가 정확히 말하면 구약성서의 계시가 신약성서를 통해 '강조되며', 사실상 신약성서는 구약성서를 초월한다는 사실에 기초를 두고, 단지 가장 마음에 드는 신약성서적인 시편만을 사용하는 이 논쟁의 형태는 성서학적으로 그리고 교의학적으로 근거가 없다(그것이 가능하다면, 시편은 예수의 어린 시절 이야기에서 탁월하게 "구약성서적"이다.). 동시에 직선적인 계시의 진화론(Offenbarungsevolutionsmus)은 존재하지 않는다. 성서적인 증거는 더욱 복잡하고 또한 신약성서 내부의 증거가 그러하다. 신약성서에서 시편이 그리스도론적인 상황에서 '익숙해질'(eingespielt) 때나 '익숙해진' 곳에서 또는 문자적으로 인용될 때나 인용되는 곳에서 시편이 해석되는 것이 아니라 오히려 예수 그리스도가 시편의 빛 안에서 선포되는 것이다. 그가 시편을 합법화하는 것이 아니라 오리려 시편이 그를 정당화해주는 것이다. 이것은 또한 누가복음 24:27의 생각이기도 하다!

(4) 가장 중요한 것은 저주시편과 복수시편에 대한 목회적이며 심리학적인 사고이다. 그것들에 관하여 우리는 다음에서(단원 V 참조) 다룰 것이다. 근본적으로 다음과 같이 단정할 수 있다. 목회적인 '타협점'을 중요한 목표로 하는 본문의 선택은 하나님의 말씀이 요구하는 것에서 벗어날 위험 속에 있다. 예를 들면 일요일의 화답시편을 선택하는 경우처럼 탄원시편과 탄원의 요소들이 폭넓

게 그리고 서서히 약하게 되어 사라진다면, 이것은 시편 책의 신학적인 선포(Botschaft)를 무시, 다시 말하면 경멸하는 것이다. 필요와 분위기가 예배의 척도가 되는 곳에서 이것은 상품(Ware)이 되거나 실제로 아편(Opium)이 된다. "우리 공동체에게 이러한 것을 요구할 수 없다"는 목회자들의 일반적인 견해는 오히려 지나치게 많은 것을 요구하는 것이다. 목회자들은 탄원시편의 신학적 메시지로부터 공동체를 격리시켜 신앙적 사고 범주를 제한하며 우매함에 이르게 한다. 당연히 그들은 공동체에게 단순한 성서 본문만을 기도문으로 제시한다. 기독교적인 시편의 기도에 관한 논쟁에서("성무일도에 관한 일반적인 안내", Art. 105) 자주 인용되는 성 베네딕트의 말 "우리가 하나님 앞에서 우리를 시편화하기를 원할 때, 우리의 마음이 우리의 목소리와 조화를 이룬다"(Regula monasteriorum, Kap. 19)라는 것은 분위기 상태에 따라 우리가 시편을 선택하는 것을 의미하는 것이 아니라 '일반적인 안내서'에서 말하는 것처럼 시편이 우리 안에서 바른 '인상'(Stimmung)을 일깨워야만 한다는 것을 의미한다.

> "시편화(Psallieren)하는 자는 그의 마음을, 시편에서 출발하고 그 문학의 종류에 따라—주석가들은 탄원의 노래, 신뢰의 노래, 감사의 노래 그리고 다른 장르를 정확하게 구별하고 있다.—각각 다양한 추진력을 수행하고 있다."

그러므로 우리는 동시에 인식해야만 한다. 시편의 이러한 삭제와 변형, 그리고 본문을 평가하고 사용하는 데 있어서(우리는 그것을 독재정치에서 신문 검열을 하는 것처럼) 어두운 검열의 잣대로 인한 영향력은 있을 수 없다. 그것이 존재하는 그대로 — 또는 그것이 누군가에 의해서 존재하게 된 것 자체로 — 한편의 온전한 시편으로 기도해야 한다. 만약에 우리가 어떤 본문이 어색하여 견디기 어렵다고 생각하여, 모든 경우 본문을 참을 만할 때까지, 오랫동안 그를 만지작거리며 수정하는 것은 옳지 못한 반응이다. 더 나은 길이 있다. 우리는 오히려 본문과 함께 대화하거나 우리가 그 길을 통해서 본문에게 다가가는 것이다. 그렇게 된다면 당연히 본문이 어색한 이유와 그 근거에 대해 해명을 찾을 수 있다.

시편의 원문을 변경하지 않는 것이 중요하다는 사실은 4세기 알렉산드리아의 아타나시우스(Athanasius)가 마르첼리누스(Marcelinus)에게 보내는 편지에서 제시한 '시편의 사용에서' 이미 강조되어 있다.

> "어느 누구도 세상이 말하는 알맞은 어법의 표현으로 시편을 미화시키거나 변경하는 작업을 하지 않는다. 오히려 우리는 시편을 아주 단순하게 문자 그대로 읽으며 노래한다. 다시 말하면 우리에게 시편을 선물한 사람들은,[18] 그들 자신의 언어를 우리에게 가르치고, 우리

18) 역자 주 — 시편의 저자들.

와 함께 기도해야만 한다. 게다가 성령은 시편이 그들을 통해서 표현하고 있는 언어들을 이해하며 우리를 도와야만 한다! 그러면 성도의 삶이 세상 사람들의 삶보다도 좀 더 거룩하여, 사람들은 우리가 이해하는 것보다 더 시편의 언어를 거룩하고 영향력 있는 것으로 간주할 것이다. 그러면 이러한 언어들을 통해서 시인들은 하나님의 마음에 합함(Wohlgefallen, 희열)을 발견하며 그들은 제자들이 말하는 것처럼 '나라들을 이기기도 하며 의를 행하기도 하며 약속을 받기도 하며…'"(히 11:33-35).[19]

5. 원수시편과 복수시편의 해석학적 곤혹스러움 제거?

시편을 본문 자체로 유지하는 것은 당연히 분노를 일으키는 그들의 언어의 의미를 보유하는 것을 말하지 않는다. 교부 신학과 중세시대의 '주석'으로 눈을 돌려보면 복수시편의 문제가 나타나지 않고 있으며, 왜 이러한 문제가 발생하지 않았는지 알 수 있다. 그것은 부분적으로 이 시대의 문화가 폭력과 징벌에 관한 근본적으로 다른 처리 방식을 가지고 있었다는 것과 관련된다. 그들은 교회의 실제적인 원수들을 대항하여 열광적 신앙의 확실성 속에서 시편을 통해 기도할 때, 부분적으로 이러한 시편들을 '문자적으로' 해석하

19) Übersetzung nach H. -J. Sieben, "Athanasius über den Psalter. Analzse seines Briefes an Marcellinus," *ThPh* 48(1973), 172f.

여 오용하였다. 예를 들면, 높이 칭송받는 아타나시우스(Athanasius)는 성무일도에서 제외된 시편 58편(비교. 그 외에 III.3)을 예수를 죽인 유대인에 대항하는 교의적이며 감정적 망설임 없는 기도에 사용하고 있다. 시편 58편에서 그는 유대인이 "구원에 대해 전혀 요구할 수 없다"는 것과 그들은 "영원한 불 속으로 버려진다"는 것으로 이해하고 있다.

유대교의 시편이 교회교부들에 의해서 기꺼이 유대에 대항하여 해석되었고 사용되었다는 것은 종합적으로 계속 고찰되어야 하는 기독교 비-경건의 역사(Un-Frömmigkeitsgeschichte)의 한 어두운 장이다. 만약 시편에서 복수에 대한 바람이 유대인과 관련된다면, 이것은 사실상 이미 언어상으로 예언(Weissagungen)으로 강조하여 해석되는 것이다. 예를 들면, 아우구스티누스(Augustinus)[20]는 시편 109편을 통해서(어쨌든 성무일도에서 폐지된) 이 사실을 명시하고 있다.

> "예언자[다시 말하면 예언을 말하는 다윗]는 유대인이 그들의 불신앙으로 인해 받게 될 심판을 예언하기 시작한다. 그리고 예언자는 이것을 그가 격렬한 복수심에 의해서 그렇게 되기를 갈망하는 것처

---

20) Die Übersetzung aus Augustins Psalmenkommentar stammen von H. Weber. 비교. H. Weber, "Die Fluchpsalmen in augustinischer Sicht," *ThGl* 48(1958), 443-450 sowie ders.(Hrsg.), *Aurelius Augustinus. Die Auslegungen der Psalmen* (Paderborn, 1955).

럼 말한다. 실제로 그는 이것이 단지 오류가 없이 확실히 이루어져야만 하며 하나님의 정의를 통해서 성취될 것을 전제로 하고 있다."

예언에 나타나는 욕구/저주에 관한 새로운 해석이 본문에 있는 언어의 의미를 올바르게 해석하지 못하고 오히려 시편에서 당혹스러운 가시를 뽑는 어려움으로부터 산출되었다는 것을 아우구스티누스는 아주 잘 느끼고 있었다. 그렇기 때문에 그는 자기의 해석에 관하여 다음과 같이 계속해서 변호하고 있다.

"복수심을 진정시키기 원하는 한 기소자(Ankläger)가 처벌 시 갖게 되는 내적 만족(Genugtuung)과 정의를 추구하는 한 검사가 죄인을 처벌할 때 느끼는 만족의 천양지차(天壤之差)를 구별할 수 있는 사람은 실제로 많지 않다. 그 첫 번째는 악을 악(Böses)으로 갚는 것이고, 두 번째는 악을 선으로 갚는 것이다. 왜냐하면 그는 불의한 자에게 정의로운 것을 나누어 주기 때문이다. 그리고 정의로운 것은 선한 것이다. 검사는 그가 낯선 불행을 기뻐하지 않기 때문에 많은 악을 악(Böses)으로 갚는 것을 처벌하는 것이다. … 만약에 우리가, 예언자들이 그들의 예언에서 외관상으로 악을 얼마나 소원하는지를 듣게 된다면, 우리는 이것을 예언자가 단지 미래의 일들만을 예언하는 것으로 이해할 수 있다."

비슷하게 아우구스티누스(Augustinus)는 시편 41:11 또는 시편

68:2(불가타에서는 명령형!) 그리고 시편 69:23-30에 나타나 있는 원수에 대한 열망/청원을 유대인에 대항하는 예언으로서 읽는다. 여러 차례에 걸쳐서 (특별히 시 79편의 해석에서) 아우구스티누스는 다음과 같이 자세히 강조하고 있다. 신약성서에서 보는 것처럼, 다시 말하면 누가복음 18:1-8; 요한계시록 6:10에서 보는 것처럼 그리고 모든 것으로부터 원수사랑(Feindesliebe)을 촉구하고 복수에 대한 욕망을 경고하는 예수님과 사도들의 말씀에서 미루어 추론해 볼 수 있는 것처럼, 사람들이 자신의 증오심과 복수를 만족시키기 위해서, 성서의 시인(들)이 복수와 원수들의 멸망에 대한 열망을 간구한다는 것은 근본적으로 불가능하다.

교회 교부들이 처음부터 시편의 복수에 대한 열망과 예수가 전하는 사랑의 계명 사이에서 긴장감을 보았다는 것은 그들이 시편에서 가시를 제거한 두 가지 방법론에서 나타난다. 그들은 이러한 열망/저주를 최종적으로 원수의 돌이킴(Bekehrung)을 목적으로 하는 위협 또는 청원으로 해석하거나, 알레고리적인 관점에서 원수들을 악하고 감각적인 열정 또는 사탄으로 이해한다.

이러한 것들을 위해서 아우구스티누스는 다시 다양한 보기를 제시한다. 그는 시편 70:3의 "나의 영혼을 찾는 자들이 자기 수치로 말미암아 뒤로 물러가게 하소서"라는 청원과 관련하여 근본적인 질문을 제시하고 있다.

"너는 그들에게 무엇을 원하고 있는가? 네가 너의 주에게 들은 것이

> 어디에 있는가? 너희 원수를 사랑하라… 보라, 너는 복수를 원하고 있고 그들을 비방하고 있다."

그리고 아우구스티누스는 기독교인들을 박해할 때 "너는 왜 나를 박해하느냐?"라는 음성을 듣고 모든 부끄러움으로부터 귀환한 사울을 지적하며 앞에서 제시되었던 비난적인 질문 "네가 원하는 게 도대체 무엇이냐?"에 다음과 같이 대답하고 있다.

> "그러므로 이것은 순교자(Martyrer)가 자신들의 원수들에게 소원(wünschen)하는 것이다. 그들은 부끄러워하며 수치스러워해야만 한다. 왜냐하면 부끄러워하지도 않고 수치스러워하지도 않는 한, 그들은 악행을 변호하는 것이며 이방인으로 규정된다. 왜냐하면 그들은 순교자들을 폭력으로…."

그는 비슷하게 시편 104편의 결말 부분의 간청(Schlußwunsch)을 다음과 같이 주석하고 있다. "죄인들을 땅에서 소멸하시며 악인들을 다시 있지 못하게 하시리로다 내 영혼아 여호와를 송축하라"(시 104:35).

> "오 찬양받으시며 탄식하시는 거룩한 성령이여! 우리의 영혼이 성령과 하나 되기를 원합니다! 우리의 영혼이 성령과 연결되어 하나 되기를 원합니다. 그러고 나서 광포한 자의 긍휼함을 볼 것입니다. 사

랑이 충만한 자 외에 우리의 영혼을 엄습해오는 자가 누구입니까? 이 땅의 죄인들은 사라져야만 합니다. 그가 저주하기 때문에 떨립니다! 누가 저주할 수 있겠습니까? 거룩한 성령이여! 의심의 여지없이 당신은 간구함을 들으셨습니다. 그리고 거룩한 자들은 들을 것입니다. 축복하고 저주하지 말라(롬 12:14). 그러므로 우리의 영혼은 외치고 있습니다. 이 땅의 무신론자와 죄인들은 더는 존재하지 않고 사라져만 하지 않을까? 그들이 더는 존재해서는 안 되는 것이 아닐까? 죄인들아! 그러므로 그들은 정의로워져야 한다. 그러면 그들은 이제는 죄인이 아니다."

아우구스티누스는 "딸 바벨론"을 악한 습관과 집착을 가진 불신앙과 악의 세계의 "자녀"들로 해석하므로 시편 137편의 결론에서 곤혹스러움을 없애준다. 그들은 그리스도인 "바위"에 박살난다.

"'너의 자녀를 사로잡고 바위에 메어치는 자는 복될지어다.' 시인은 도시 바벨론의 멸망을 언급한다. 그는 바벨론이 우리에게 행한 대로 갚는 자에게 복이 있을 것이라고 말하고 있다. 이러한 보응에 대하여 시인은 질문하는 우리에게 말한다. 너의 자녀를 사로잡고 바위에 메어치는 자는 복될지어다. 이것이 보응이다. 이 바벨론이 우리에게 행한 것은 무엇인가? 우리는 이미 다른 시편에서 그것을 노래하고 있다. '불의한 자의 말은 우리를 대항하여 많은 것을 성취할 수 있다.' 우리가 세상 밖으로 나와 주변 역사에 참여하기 시작할 때, 이 세상 바벨론은 우리를 작은 자녀로 여겼고, 우리가 여전히 미숙하기 때문에 그들은 많은 과오들을 통해서 우리를 질식시켰다. 예루살렘의 시민이 되어야만 하고 하나님의 예정(Vorherbestimmung) 속에서 이미 예루살렘 시민이지만, 그 사이 여전히 갇힌 상태에서 많은 시간을 보낸 새로 태어난 아이가 무엇을 할 수 있을까? 그의 부모가 그에게 불어넣은 것, 바로 그것으로 그가 기꺼이 배우고자 하는 것은 무엇인가? 만약에 이것들이 탐욕(Habgier), 도둑질(Stehlen), 거짓(Lügen)에서, 이방신(Göttzendienst)과 악령을 섬기는 데서, 질병의 치유라는 미명하에서 일삼는 허락되지 않은 마술과 주술을 행하는 데서 스승(Lehrmeister)이라면, 미성년의 아이가 행해야만 하는 것은 무엇인가? 부모가 행하는 것을 바라보는 나약한 영혼은 무엇을 할 수 있을까? 그들이 행하는 것을 보는 것 외에 이 영혼이 준수할 수 있는 것은 무엇인가?

바벨론은 우리가 여전히 어린아이일 때 우리를 박해했다. 그러나 하나님은 우리가 성장한 후에 그것을 인식할 수 있게 해주었다. 그 결과 우리는 부모의 실수를 답습하지 않을 수 있었다. 나는 시편을 다룰 때, 이것이 예언자들에 의해서 말씀으로 예언되었다는 것을 언급했다. '너에게 이 땅의 종말의 때에 민족들이 와서 말할 것이다. 진실로 우리의 아버지들은 경건하지 않은 거짓과 허영(Eitelkeit)을 좋아했다.' 정신적 아이로서 이러한 허영을 쫓는 삶 속에서 죽음을 맞이하는 성인이 있다. 그들이 새로 소생하고 하나님 안에서 성숙하기 원하며 바벨론에게 보응하기를 원한다면, 보응을 위해서 그들은 그에게 무엇을 지불해야 하는가? 우리에게 행한 것에 대한 보응이다. 그러므로 그의 어린아이는 질식할 것이며 사람들은 그가 죽도록 바위에 메어칠 것이다. 바벨론의 아이는 무엇인가? 기원(Entstehen) 속에서 파악할 수 있는 악한 욕망이다. 다시 말하면 그들의 오래된 욕망과 싸워야만 하는 것이 있다. 만약에 열정이 여전히 근원(Entstehen) 속에 존재한다면, 만약에 악한 습관이 아직 너를 이기지 못하고 있다면, 만약에 그들이 아직 약하다면, 그 악한 습관은 너를 다스릴 수 없다. 그것이 아직 작은 한, 그것을 메어치어라. 그러나 네가 두려워한다면 그것은 스스로 죽지 않는다. 그러므로 그들을 바위에 메어치어라. 정확히 말하면 바울이 이야기하는 바위에 메어치어라. '그리스도는 바위이시다.'"

성서의 복수시편과 저주시편을 기독교의 기도로 합법화하려는 모든 노력은 이것을 어떤 경우에라도 완화하기를 원한다. 물론 그들은 어떠한 구절도 삭제하지 않지만, 그들 안에 머물러 있는 의혹과 저항을 없애준다. 고통과 박해, 미움과 고난, 삶의 두려움과 죽음, 하나님에 대한 회의와 하나님의 떠남에 관하여 천신만고하는 시편이 존재하며, 동시에 이것을 혼란스러운 언어와 그림의 형상 속에서 표현하고 있는 시편이 있다. 이것을 '설명'하고 해결하는 사람과 그들을 교의적인 결말의 익숙한 언어로 번역하려는 사람은 그들을 근본적으로 반역(verraten)하는 것이다. 이것이[21] 세속적인 언어로 또한 세속적인 생각 속으로 '소멸해가지' 않음으로써 그들은 일상의 규정된 진부함(Banalität)과 지루한 되풀이(Routine)에 대한 저항과 모든 개인의 삶의 비밀스러운 특징을 인정하기 위한 싸움이다.

그러므로 이러한 시편에서 그들의 도발(Provokation)적인 부분을 지우려는 모든 시도에 주의가 요청된다. 신학적인 경시(Verharmlosung)를 통해서 ["복수의 하나님은 단지 사랑의 하나님에 관한 언급의 암흑면(暗黑面) 혹은 이면(Kehrseite)이 된다."[22]], 혹은 종교사적인 상대성(Relativierung)을 통해서 ["아시리아 종교의 폭력성과 비교해서 이스라엘 종교에서 그 폭력의 경향은 비교적 낮은 편이다."[23]], 혹은 역사적인 해명의 노력을 통해서 ["폭력적인 하나님에 대한 언급은 이스라엘의 특별한 고난의 상황 속에 나타나는 것이지 폭력을 동기화하는 것은 아니다."[24]], 또는 사회적·종교심리학적 해석을 통해서 ["가나안의 근원과 이스라엘의 화해할 수 없

21) 역자 주 — 시편 안에 머물러 있는 도발.

22) 지라드(M. Girard)는 이 경향으로 흐르고 있다. M. Girard, "La violence de Dieu dans la bible juive: approche symbolique et interprétation théologieque": *ScEs* 39(1987), 145-170.

23) 이것은 야웨-전쟁에 대한 대부분의 새로운 작업의 주제이다. 비교. 최종적으로, A. van der Lingen, *Les guerres de Yahv'e. L'implication de YHWH dans les guerres d'Israel selon les livres historiques de l'Ancien Testament*(Paris, 1990).

24) 이 관점은 무엇보다도 야웨-종교의 "역사적인" 핵심으로서 전쟁과 구원의 영역을 강조하고 있는 다음의 저자들에 의해서 다루어지고 있다. 비교. 이러한 하나님에 대한 관점을 강조하는 사람은 무엇보다도, E. Noort, *Geweld in het Oude Testament. Over woorden en verhalen aan de rand van de kerkelijke praktijk* (Delft, 1985).

음(Unausgesöhntheit)은 낯선 비방(Diffamierung)을 야기한다. 이 비방은 언제나 가능한 폭력의 원천이 된다."[25)]]. 이러한 모든 노력은 그들이 기록하고 있는 한, 언제나 한 가지 올바른 측면을 볼 수 있다. 그러나 그 노력은 이렇게 탄원하고 호소하며 갈망하는 시편들 속에 꽂혀 있는 분노(Ärgernis)를 극복할 수 있는 것이 아니다. 그 이상의 것들이 있다. 더욱이 이 시편들은 이러한 해명을 위한 시도로부터 보호되어야 한다. 왜냐하면 그들의 기능을 수행할 수 있는 다른 어떠한 기도의 형식이 존재하는 것이 아니기 때문이다.

그리고 그들은 무엇보다도 인위적인 '기독교화'(Verchristlichung)로부터 보호되어야만 한다. 더욱이 여기서 우리는 디트리히 본회퍼(D. Bonhoeffer)의 진지하고 역동적인 노력에 관하여 말할 수 있다. 그는 시편에 대한 개론서 『성서의 기도서』(*Das Gebetbuch der Bibel*)에서 이런 노력을 보여주고 있다.

> "오늘 우리에게 시편의 어떤 부분도 소위 말하는 복수시편보다 큰 어려움을 제시하지 않는다. … 여기 모든 노력이 (원수들의) 실패를 위하여 비판적으로 함께 기도하는 것처럼 보이며, 실제로 신약성서를 넘어선 종교적인 전 단계가 존재하는 것처럼 보인다. 그리스도는

25) 비교. 이 이론에는, S. Schroer/O. Keel, "Wenn im Ursprung der Teufel steckt. Über die schmerzlichen Beziehungen zwischen Christentum, Judentum und kanaanäischer Religion. Ein Plädoyer für historische Ehrlichkeit," *Publik Forum* 25(1994), Nr 2. 18–20.

십자가상에서 자신의 원수들을 위해 기도하고 우리에게 기도하는 것을 가르치신다. … 그러므로 여기 질문이 발생한다. 복수시편을 우리를 위한 하나님의 말씀으로 그리고 예수 그리스도의 기도로 이해할 수 있을까?

하나님의 복수를 요청하는 기도는 죄의 심판에 하나님의 정의가 집행(Vollstreckung)되기를 위한 기도이다. 만약 하나님께서 말씀하신다면, 이 심판은 반포해야만 한다. 만약 말씀이 계셨다면 판결은 선포되어야만 한다.

하나님의 복수는 죄인에게 해당되는 것이 아니라, 오히려 죄인의 자리에 선, 유일하게 죄 없는 자, 하나님의 아들에게 해당되는 것이다. 예수 그리스도는 하나님의 복수를 담당하셨다. 시편은 이러한 하나님의 복수 집행(Vollstreckung)을 기도하고 있다. 그는 죄인에 대한 하나님의 진노를 진정시키고 있으며 하나님의 판결이 집행되는 시간에 기도하고 있다. '아버지, 그들을 용서하여 주옵소서. 왜냐하면 그들은 그들이 행하는 것을 알지 못하니이다!' 하나님의 진노를 스스로 감당할 자 외에 어느 누구도 이처럼 기도할 수 없다.

그러므로 복수시편은 예수의 십자가와 하나님의 용서를 통해 원수 사랑으로 안내한다. 나는 스스로 하나님의 원수를 용서할 수 없고, 오히려 단지 십자가에 달리신 그리스도만이 그것을 할 수 있다. 그래서 이러한 복수의 집행은 예수 그리스도 안에서 모든 인간을 위한 은혜가 되었다.

나는 그가 완성한 성취의 확신 속에서 복수시편을 기도한다. … 예수 그리스도 그분 스스로 그분의 몸으로 하나님의 복수 집행을 요청하셨고 그리고 그는 날마다 나와 하나님의 모든 원수들을 위해서 그의 십자가의 은혜와 진지함으로 이끌어주신다.

그래서 십자가에 달리신 예수는 우리에게 복수시편을 통해서 바르게 기도하는 것을 가르치신다."[26]

이러한 기독교적 '구원의 노력'은 더 많은 질문을 던지게 한다. 만약 도움의 외침이 그토록 배타적으로 기독교화된다면, 여기 고난 당하는 자들에게는 시편의 저주기원과 복수기원이 하나님에 대한 회의와 무감각(Apathie) 상태에 빠지지 않기 위한 최종적인 노력이 되는데, 고난 당하는 자의 고통과 절망이 충분히 진지하게 받아들여질까? 여기서 "복수하는 하나님"의 문제를 여전히 편파적으로 불필요하게 표현하는 십자가 신학(Kreuzestheologie)과 속죄신학(Sühnetheologie)이 소개되지 않을까? 그리고 무엇보다도 시편이 그들의 본문 자체에 역행하여 그리고 유대에 대항하여 읽혀지지 않을까?

26) D. Bonhoeffer, *Das Gebetbuch der Bibel. Eine Einführung in die Psalmen*(Bad Salzuflen, [7]1961), 30–32.

III. 시편 자체에 대한 통찰

오히려 우리는 하나의 조직적인 성찰 속에서 원수시편 자체를 보고 듣기 원하는 해석학적이고 성서신학적인 범위를 표현하기 전에, 선별된 시편들 안에 각인된 폭력을 소유한 하나님 이해를 위한 특징(Profil), 의도와 기능에 대한 상이한 관찰들을 모아야 한다. 동시에 II.5에서 다양하게 언급되고 있는 해석적 선택권(Option)이 진지하게 주어져야 한다. 어렵고 다루기 힘든 그리고 방어적인 본문의 경우 무엇보다도 그 본문의 어려움을 진지하게 받아들여야 한다. 본문에서 인식되는 낯섦(Fremdheit)은 일차적으로 본문 속에서 해결하기 어렵다. 그렇기 때문에 본문을 온전히 언급하기보다는 본문을 서둘러 판단하거나 거부하게 된다. 또한 우리는 대화의 모든 기본원칙을 이 문제의 시편들에도 적용한다. 만약 우리가 대화 상대자를 이해한다면, 그리고 우리 스스로 그들과 함께 소통하기 원한다면, 비록 모순적 상황이라 할지라도 대화 상대자에게 우리는 진지해야 한다. "폭력시편"(Gewaltpsalmen)의 낯섦(Fremdheit)에 자신을 내맡기기로 준비된 사람은, 이러한 낯섦이 그 자신에게 중요한지를 묻는 질문 앞에 서게 된다. 그 후에 독자를 변화시키고 영향을 줄 수 있는 낯선 본문과의 생생한 투쟁이 시작될 수 있다. 이러한 시편의 독자들이 본문을 이해하기 위해 노력할 때, 그들에게 자기 자신에 대한, 그들이 살고 있는 세상에 대한, 그리고 하나님에 대한 새로운 견해들이 갑자기 주어질 수 있다. 우리는 본문에 관하여 성급하게 언급하지 말아야 한다. 아는 체하면서 본문을 측면으로 방치할 수 없다. 기독교적 관점의 감정 속에서 선입견을 가져서는 안 된다. 오히려 이 본문들을 그들의 확실한 역사적 정황 속에서 그들의 언어 형태와 그들의 신학적인 열정 속에서 이해하려고 노력해야 한다. 이것이 가장 우선적으로 해야 할 중요한 일이다.

나는 일곱 편의 시편을 선택했다. 성서의 시편에 나타나는 복수와 폭력의 하나님에 대한 다양한 관점을 이 일곱 편의 시편에서 분리시켜 보기 위해서이다. 이 중에 성무일도(聖務日禱)에서 제외된 세 편의 시편(58, 83, 109편)이 여기에 속한다. 또한 교회의 결정으로 몇몇 구절들이 삭제된 열아홉 편의 시편 중에서 시편 137편과 139편을 선택했다. 그리고 여기에 두 편의 시편 12편과 44편을 추가했다. 왜냐하면 이스라엘이 어떻게 폭력적인 관점을 문제화하였고 구별했는지 인식시키기 위해서이다.

여기에 나는 개인적인 번역을 싣고 있으며 이 본문을 선택한 근본적인 이유를 상세하게 열거하지 않고 있다. 유감스럽지만 시편에 대한 자세한 분석과 해석이 불가능하기 때문이다. 나는 단지 우리가 다룬 주제의 관점을 의미 있게 제시하기 위해 노력하고 있다.

1. 시편 12편: 인간의 폭력에 대한 저항

1 팔현금에 맞추어 부르는 다윗의 노래

2a 여호와여 구원하여 주십시요. 경건한 자가 세상에서 끊어지고 있습니다.
2b 신실한 자들이 인간들(Menschenkinder) 중에 없어지고 있습니다.

3a 그들이 다른 사람에게 각기 거짓을 말하고,
3b 아첨하는 입술과 두 마음으로 말합니다.

4a 여호와께서 모든 아첨하는 입술과
4b 자랑하는 혀를 끊으시기를 원합니다.

5a 그들이 말합니다. "우리의 혀가 이기리라,
5b 우리 입술은 우리 것이니 우리를 주관할 주가 누구인가?"

6a “가련한 자들의 눌림과 궁핍한 자들의 탄식으로 말미암아,
6b 내가 이제 일어나리라” 여호와께서 말씀하신다.
6c “사람들이 멸시하는 자들에게 구원을 베풀겠다!”

7a 여호와의 말씀은 순결합니다.
7b 흙 도가니에 일곱 번 단련한 은과 같습니다.

8a 당신, 여호와여 그들을 지키사
8b 당신은 그를 이 세대로부터 영원까지 보존하실 것입니다.

9a 악인들이 곳곳에서 날뜁니다,
9b 비열함이 인간들 중에 높임을 받습니다.

시편 12편은 9절로 인해서 앞에 위치한 시편 11편과 편집상 연결되는, 후(기) 포로기 이전의 작품으로 추정된다. 고난의 상황에 있던 제의예언자들(Kultpropheten)은 하나님의 ‘구원’의 말씀을 간청하는 탄원예식의 과정에서 언어상으로뿐만 아니라 신학적으로 고무되었다. 이와 같은 탄원예식은 기본적으로 세 부분의 형태로 이루어진 구조를 갖고 있다. (1) 고난에 대한 탄원(예배에서 수행되는 공동체의 탄원표현이 수반되는); (2) 나-형식(Ich-Form) 속에 나타나는 하나님의 응답(예언자로서 그의 전형적인 역할, 다시 말하면 하나님의 대언자로 일하는 제의예언자들에 의해서 수행되어

지는); (3) 선포된 하나님의 말씀에 대한 공동체의 반응(대부분 찬양과 감사, 그리고 또한 신뢰와 희망에 대한 표현). 우리의 시편(12편)은 이러한 도식을 따르고 있다. 이 시편은 결정적으로 그의 중심이 되는 6절에 직접적인 하나님의 말씀을 위치시켜 놓고 있다. 이런 집약적인 구조는 언어의 방향과 순서에서 잘 인식할 수 있다. 2-3절은 여호와에 대한 호칭-당신(2인칭으로 나타나는 여호와); 4-5절은 여호와에 대한 소원/청원(3인칭으로 나타나는 여호와); 6절은 직접적인 하나님 말씀(1인칭으로 나타나는 여호와); 7절은 하나님의 말씀에 대한 표현(3인칭으로 나타나는 여호와); 8-9절은 여호와에 대한 호칭-당신(2인칭으로 나타나는 여호와)(나열순서 ABCBA). 또한 이러한 집약(Konyentrik) 현상은 언어를 통해서 강조된다. 시작과 끝이 주요 단어 "인간들"을 통해서 서로 관련되고 있다(테두름, *inclusio*). 시편의 중심에 세 부분으로 이루어진 형태를 통해 강조되고 있는 6절의 하나님의 말씀은 청원의 성취를 표현하는(2a절: "구원하소서"; 6c절: "나는 구원을 베풀겠다") 시편의 첫 번째 단어의 핵심을 수용하고 있다. 이 시편은 하나님의 이름 여호와(JHWH)를 다섯 번 사용하고 있는데, 더 정확히 말하면 다섯 단락에서(ABCBA) 각각 한 번씩 사용하고 있다. 이러한 표현을 통해서 6절은 시편의 중심부분으로 강조되고 있다.

역동적 언어로 기도하는 이 시편은 다음과 같이 이루어져 있다. 시편은 도움청원으로 시작하고 있다(2-3절). 동시에 이 청원은 사회적 위기를 개진(開陳)하고 있는 표현과 두 번에 걸쳐 나타나는 그 위기에 대한 근거를 동반하고 있다. 그리고 인용구를 통해서 무절제한 불손(Überheblichkeit)과 실제적인 불신앙의 소유자인, 범법자의 멸망에 대한 기원이 인상적인 표현으로 이어진다(4-5절). 이것은 6절의 인용구에 나타나 있는 하나님 말씀과 강하게 대조된다. 이에 대해서 7절은 1형식 문장으로 이루어진 찬양시 양식으로 구성되어 있으며 하나님 말씀에 대하여 찬양으로 화답하고 있다. 그리고 이 시편은 강조를 나타내는 인칭대명사 '당신'(Du)으로 시작하는 신앙고백(8-9절)으로 끝난다. 시인의 현재 상황에서 매우 강하게 시인을 괴롭히고 있는 범법자들의 비열함과 이 신앙고백이 서로 대치되고 있으며, 또한 그들에 대한 저항을 호소하고 있다.—그리고 여기서 시편은 이 시편 낭독을 통해 제공되기 원하는 (제공할 수 있는) 힘을 불러일으키고 있다.

우리의 질문을 위해서 다음의 관찰들은 중요하다.

(1) 이 시편은 지혜-예언자적인 분석의 양식 속에서 거대한 사회 구조를 비평하고 있다. 사실상 사회적으로 합법적인 것으로 간주되는 인간 언어의 파괴적인 오용을 폭로하고 있다. 이 시편은 난폭함이 거의 제도적으로 합법화되어버린, 위험한 사회적 위기를 탄원하며 기도하고 있다.

(2) 이 시편은 신비적인 힘도 악마적인 힘도 원인으로 규정하려고 노력하지 않는다. 오히려 개인과 사람들의 집단에게 책임을 부여하며 그들의 폭력적 행위의 뿌리를 언급하고 있다.

(3) 이 시편은 인간의 파괴적인 폭력을 신학적으로 합법화하거나 은폐시킬 수 있는 각각의 가능성을 거부하고 있다. 인간이 억압당하고 폭력당하는 곳에서 하나님의 진리는 손실당할 위험에 처해 있다.

(4) 이 시편은 하나님의 다양한 형상을 실제화한다. 시인은 한편으로 4절의 청원에서 파괴하시는 하나님을 구체적으로 부르고 있다. 다른 한편으로 6절에는 하나님의 약속이 일반적으로 표현되어 있다. 그리고 이 약속은 단연 구원의 측면을 강조하고 있으며, 동시에 희생제물을 주신 하나님의 연대감과 위로해주시는 하나님 형상의 배음(倍音/Nebentöne)도 무시할 수 없다.

(5) 하나님의 말씀은 마귀 집단이 자행하는 희생자의 폭력을 해결해주지 않는다. 여기서 폭력적인 마귀 집단은 구원자 그리고 보호자로서 여호와에 대한 가난한 자들의 기억을 통해서 파괴된다. 최종적으로 마지막 9절에서 심지어 사회구조의 폭력적이고 절대적인 지배에도 불구하고 시인은 더 끈질기게 기도하고 있다.

(6) 이 시편은 폭력에 관한 다양한 측면들을 인식하고 있다. 범법자들의 파괴적인 폭력에 속수무책인 상황 속에서 가난한 자와 연약한 자를 도우시고 이들을 '바로 세우시는' 야웨의 구원적인 폭력을 서로 대면시키고 있다. 우리는 폭력의 이러한 두 가지 측면을 반드시 두 가지 개념, 강제적인 폭력(violentia)과 합법적인 폭력(potestas)으로 나타낼 수 있으며, 좀 더 낫게는 개념적으로 '폭력'(Gewalt)과 '권력'(Macht)의 차이로 범위를 좁힐 수 있다.[1)]

2. 시편 139편: 구조적 폭력에 대한 열정적 투쟁

1a 지휘자를 따라 부르는 다윗의 시편

1b 여호와여, 당신은 나를 감찰하시고 아셨나이다.

2a 당신은 나의 앉고 일어섬을 아시며
2b 멀리서도 나의 생각을 통촉하시오며
3a 나의 길과 눕는 것을 감찰하시며
3b 나의 모든 행위를 익히 아시오니
4a 그렇습니다. 내 혀에는 말이 없습니다.
4b 보소서, 당신은 그것의 모든 것을 알고 있기 때문입니다.
5a 당신은 전후로 나를 에워쌌으며,
5b 당신께서 내게 당신의 손으로 안수하셨나이다.
6a 이 지식이 내게 너무 기이하니
6b 높아서 내가 능히 미치지 못하나이다.

7a 내가 주의 영을 떠나 어디로 가오리까?
7b 내가 주의 앞에서 어디로 피하리이까?
8a 내가 하늘에 올라갈지라도 거기 계십니다!

---

1) 비교. 그 외에 W. Huber, *Die tägliche Gewalt. Gegen den Ausverkauf der Menschenwürde*(Freiburg, 1993), 168–170.

8b 음부에 내 자리를 펼지라도 거기 계시니이다!

9a 내가 아침노을의 날개를 높이며,
9b 바다 끝에 가서 거할지라도
10a 곧 거기서도 주의 손이 나를 인도하시며
10b 주의 오른손이 나를 붙드시리이다.
11a 내가 말하기를: "흑암이 정녕 나를 덮고
11b 나를 두른 빛은 밤이 되리라 할지라도!"
12a 당신 앞에서는 흑암이 숨기지 못하며
12b 밤이 낮과 같이 비취나니 주에게는 흑암과 빛이 동일하나이다.

13a 그렇습니다, 당신께서 내 장부를 지으시며,
13b 당신께서 나의 모태에서 나를 조직하셨나이다.
14a 내가 당신께 감사하옴은 나를 지으심이 오묘하심이라
14b 당신의 행사가 기이함을 내 영혼이 잘 아나이다.

15a 나의 형체가 당신 앞에 숨기우지 못하였나이다.
15b 내가 은밀한 데서 지음을 받았을 때,
15c 땅의 깊은 곳에서 기이하게 지음을 받은 때에,
16a 내 형질이 이루기 전에 당신의 눈이 보셨습니다.
16b 주의 책에 다 기록이 되었나이다.
16c 나를 위하여 정한 날이 하나도 되기 전에!

17a 오, 당신의 생각이 내게 어찌 그리 어려운지요,

17b 오 하나님, 그 수가 어찌 그리 많은지요!

18a 내가 세려고 할지라도 그 수가 모래보다 많소이다.

18b 내가 깰 때에도 오히려 주와 함께 있나이다.

19a 하나님이여 주께서 정녕히 범법자를 죽이시리이다!

19b "피 흘리기를 즐기는 자들아, 나를 떠날지어다!"

20a 저희가 당신을 악하게 말하며,

20b 당신의 원수들이 헛되이 당신의 이름을 칭하나이다.

21a 여호와여 내가 당신을 미워하는 자를 미워하지 아니 해야 합니까?

21b 당신을 치러 일어나는 자를 역겨워하지 아니 해야 합니까?

22a 그렇습니다, 내가 저희를 심히 미워하니 :

22b 저희는 나의 원수니이다.

23a 하나님이여 나를 살피사 내 마음을 아시며

23b 나를 시험하사 내 근심을 아옵소서!

24a 내게 무슨 악한 행위가 있나 보시고

24b 나를 영원한 길로 인도하소서.

교회의 성무일도를 위해서 이 시편에서 19-22절을 삭제하는 것이 납득할 만하며 의미 있는 일이 아닌가? 도로테 죌레(Dorothee Sölle)는 자신의 소책자 『여행』(*Hinreise*)이란 책에서 이 시편과 관련

하여 보여주는 해석에서 이 구절들을 간단히 누락시키고 있다.[2] 우리가 '비평적인'(kritischen) 주석서를 눈여겨본다면 이러한 삭제에 대한 논증들을 많이 발견할 수 있다. 여기 이 단락 앞에 있는 1-18절 본문과 전혀 어울리지 않기 때문에 19-22절의 단락을 더욱 독립적인 노래로서 단절시키기를 원하는 주석가들이 있다.

> "리듬상 이상하게 불균형적이며 열정적으로 내리닫는 이러한 구절들이 실제로 우리에게 주어진 이 조용한 시에 속할 수 있는가?"[3]

헤르만 궁켈과 같은 유력한 시편 연구가조차도 한편으로 1-18절까지의 신학적인 깊이를 열광적으로 강조했고, 다른 한편으로 19-22절에 관해서는 난해해하며 깊이 심사숙고하고 있다.

> "우리의 시인은 예언자와 찬양시인의 유산 전승자이다. 놀랍게도 시인은 하나님의 지력[知力]과 권능에는 어떠한 한계도 존재하지 않는다는 커다란 비밀 앞에 서 있다. 그것은 그 자신에게 새롭고 놀라운 사상이다. 그러므로 독창적이고 힘 있는 신선함, 이러한 신선함을 가지고 시인은 그 사고를 표현하고 있다. 그러므로 이 시편은 기독교 공동체 안에서 오늘날에도 여전히 이와 같은 생각에 관한 고전

2) D. Sölle, *Die Hinreise. Zur religiösen Erfahrung. Texte und Überlegungen*(Stuttgart, 1975), 155-164.

3) H. Schmidt, "Die Psalmen," *HAT* I.15(Tübingen, 1934), 245.

적인 표현으로 간주되고 있다.

창조의 노래 시편 104편이 결론에서(35절) 하나님의 경이로운 세계에서 조화를 파괴하는 범법자에 관해 언급하고 있는 것처럼, 그리고 그들의 소멸을 바라는 것처럼 … 이것은 또한 우리의 노래이다. 시인은 그의 격렬한 열정을 하나님의 경이로운 세계에 쏟아놓고 있다. … 이러한 열정을 가지고 하나님의 임재하심을 몰두하고 있는 그 사람이, 만약에 그 범법자를 생각한다면, 갑자기 아주 격노하게 돌발할 수 있다는 현상은 주목할만하다. 하나의 진정한 이스라엘적인 그림이다. 지나치게 저돌적인 체질(Temperament)과 열정적인 주관성(Subjektivtät)을 가진 이 백성은 종교에서 단지 진리와 거짓만을 알고 있으며, 그 사이에 어느 것도 인정하고 있지 않다. 다른 종교에(Andersgläubig) 대한 어떠한 관용(Schonung)도 인정하고 있지 않으며, 오히려 만약 가능하다면 다른 종교에 대한 멸절(Ausrottung)을 지향하고 있다! … 그렇다. 이 시편기자의 영적인 기도(Andacht)와 미혹자(Verdächter)에 대한 그의 분노는 내적으로 같다. 오직 한 분이신 하나님 앞에 그를 굴복시키는 감정의 이러한 격정(Glut)은 그의 감정을 함께 나누지 않는 자들에 대항하여 분노를 불타게 하는 것이다. … 정의로운 자들과 불의한 자들에게 비를 내리시는 하나님의 말씀은 이 시대에 이해하기 어려운 것이다."[4)]

4) H. Günkel, "Die Psalmen," *GHKAT* II.2(Göttingen, ^{4}1926), 586, 589.

우리가 이 시편에서 19-22절을 쉽게 지워버림으로 이러한 '불쾌감'(Übel)을 회복할 수 있을까? 지속적으로 더해가고 있는 이 시편에 관한 인식에 따르면, 번역된 시편의 제목에 반영되어 있는 것처럼 이 질문에 대한 답은 사실상 암시되어 있다. 시편을 "전지하신 하나님 앞에 선 인간"이란 철학적 명상으로("통일된 번역", Einheitsübersetzung) 이해하는 사람은 19-20절을 사실상 포기할 수 있다.

그러나 이 시편은 "태초에 선견지명을 갖고 모든 것을 체계화하고 인간의 운명을 이미 태초에 정하신 하나님의 섭리(Vorsehung)에 대한 찬양"[5]이 결코 아니다. 오히려 한 개인의 기도이다. 그는 지금 예언자적인 열정 안에서 자기 자신의 '하나님에 대한 고통'을 기도하고 있다. 그에게 하나님은 그가 가진 모든 것의 주인이며(1b-6절), 그는 하나님으로부터 떠날 수 없는 것이다(7-22절). 하나의 '아름다운' 시편을 소유하기 위해서, 여기 19-22절을 서둘러서 지워버리는 사람은, 시인이 예레미야(비교. 예레미야 고백: 렘 12: 1-6, 15:10-21, 20:7-18)와 욥(비교. 특히 욥 7:12-21)과 같이 하나님의 임재(Nähe)를 부담과 장애물로 경험하는 1-12절의 탄원과 고발을 암시하는 색채 또한 오려내야만 한다. '기독교적인' 과도한 열심 때문에 19-22절을 삭제하는 사람은 무엇보다도, 그가 그로 인해 시적인 관점뿐만 아니라 신학적인 관점에서 시편의 전체적

5) F. Wutz, *Die Psalmen*(München, 1925), 351.

인 구조를 파괴하고 있다는 것을 알아야만 한다! 그 외에도 19-22절의 삭제를 통해서 거의 불합리한 시편의 결론을 발생시킨다.

21-22절에 나타나 있는, 시인에게 유일하게 그리고 홀로 하나님의 섭리만이 주제라는 설명을 눈여겨본다면, 하나님을 통한 '시험'(Prüfung)에 대한 시인의 간구(23ab절)가 가장 중요하다. 그리고 만약 19-22절에 언급되고 있는 이 두 길에 대한 구체화(Konkretion)를 인식한다면, 마찬가지로 24절에서 전재하는 두 가지 길에 대한 양자택일(Alternative)을 이해할 수 있다.

이 시편에는 기도의 역동성을 결정하는 두 가지 구조가 겹쳐서 나타나고 있다.[6] 여기서 가장 우선적인 것은 시인이 언어의 반복을 통해서 명령형에 대한 직설법(Indikativ)의 긴장감을 형성하는 1a절과 23-24절이다. 동시에 중요한 것은 2-12절이 보여주는 것처럼, 1b절의 표현들이 오히려 부정적으로 표현되어 있는 반면에(여호와가 시인을 탐색하는 것에서 벗어나기를 원하며 사실상 언제나 여전히 그의 독점[Beschlagnahme]으로부터 벗어나기를 경험한다!), 23-24절의 명령형은 긍정적으로 표현되어 있다. 여호와께서는 시인의 성실함을 보아야 한다. — 그리고 그는 그를 도와야만 한다!

이 시편의 틀은 다양하게 구성된 중요한 부분들을 감싸고 있다.

---

6) 이러한 분석은 W. Groß, "Von YHWH belagert," FS G. Stachel, ed.(Mainz, 1987), 149-159에서 이루어낸 중요한 관찰을 생각하게 한다. 이 같은 분석은 시편 139편에 관한 나의 해석에도 명시되어 있다. E. Zenger, ed., *Ich will die Morgenröte wecken. Psalmenauslegungen*(Freiburg, 1991), 242-253.

2-6, 7-12, 13-16, 17-22절. 이 부분들은 무엇보다도 다른 언어의 형태를 통해서 각각 뚜렷이 강조되고 있다. 2-6절은 과거 개인의 상황을 확고히 하고 있다. 시인에 대한 '여호와'의 행위를 표현하는 언어의 방향은 매우 비난적인 '당신'(Du)이다. 7-12절은 어조가 강한 질문으로 이루어져 있다. 이 단락은 강하게 '나'-중심적이다. 이 부분은 2-6절에서 강조하고 있는 하나님의 행위에서 기인된 시인의 현재 상황을 기록하고 있다. 13-16절은 다시 한 번 과거에 시인에게 행한 하나님의 행위에 눈을 돌리고 있으며, 재차 강조적인 언어의 방향 '당신'으로, 그러나 이번에는 당연히 긍정적으로 표현된다. 여기서 결론은 7-12절처럼 강하게 '나'-중심적인 질문으로 17-22절을 이끌어낸다. 그러므로 이 네 부분은 짝을 이루는 방법으로 평행하게 형성되어 있다. 여호와의 행위(2-6, 13-16절)와 시인의 반응(17-22절)이 구체적인 방법 안에서 서로 밀접히 두 쌍으로 관련되어 있다. 2-6절에서 확신하고 있는 하나님의 사랑(Zuwendung)을 시인은 거의 '에워쌈'(Belagerung)[5a절]으로 느끼며 벗어나기 원하고 '진심으로' 벗어나기를 원하는 그에게 짐이 되는 '내적 의무에 대한 수용'으로 느끼고 있다.

그러나 이것은 여호와 때문에 당연히 불가능한 것이다!(7-12절) 외관상 2-12절을 마무리하고 있는 부정적-체념적 결론은 그 이후 13-16절과 17-22절에서 긍정적-도전적으로 소화된다. 13-16절에서 시인은 그에 대한 하나님의 관심이 깊다는 것을 성찰하고 있다! 하나님께서 시인을 '골라내었고'(ausgesondert), 철저하게 준비시키셨다. — 하나님은 '그의 작품'인 시인이 그가 창조하고 장만한 일들을 수행할 수 있다는 것을 날마다 기대하셨다! 이러한 임무가 시인의 생각을 넘어서고(17-18절) 악인과 악한 일에 대항하는 싸움이 사실상 하나님 권한 자체일지라도(19a절) — 시인은 이러한 임무를 포기하지 않을 것이며, 오히려 이 임무 앞에 온전히 그리고 온전한 열정을 가지고 설 것을 원하고 있다(21-22절).

지금까지 이러한 간결한 개요로부터 명백해진 것은 다음과 같다. 19-22절을 삭제하는 사람은 시편 기도의 역동성과 그 구조를 파괴시킨다. 그러므로 이와 관련된 '예배의식 개혁자'(Liturgiereformer)의 행위는 인위적이고 신학적인 미개행위(Barbarei)였다!

그렇다면 오늘날 여전히 19a절과 21-22절을 통해서 우리가 기도할 수 있을까? 우리가 시편을 부분적으로 잘라낼 수 없으면 (잘라내기를 원하지 않기 때문에), 시편을 기도의 보물이라는 역할로부터 격리시켜야만 하지 않을까? 이 질문에 대한 대답과 시편에 대한 깊은 이해를 위해 우리는 다음과 같은 성찰이 필요하다.

(1) 17-22절의 배경에는 현실적인 원수들의 위협이 자리잡고 있는 것이 아니라 오히려 '범법자'(Frevler)[집단적인개념: '범법자들'(die Frevler)]는 파괴적인 폭력이며, 이들은 '피 흘리기를 즐기는 자'(Blutmänner)로서 사회를 훼손시키고 동시에 종교를 저당 잡히는 자들로 표현되어 있다. 이것은 근본적으로 앞에서 잠깐 숙고했던 시편 12편의 배경 속에 나타나 있는 것과 비슷한 경험이다.

(2) 시편 12편과 139편은 동일하게 폭력행위자의 권력과 그의

성공 때문에 여호와 하나님의 진리가 위험에 처해 있다는 근본적인 사고를 갖고 있다. 시편 12편과 달리 139편에는 폭력자에 대한 저항만 나타나 있는 것은 아니다. 시편 139편에서 시인은 원수에게 저항하며 투쟁하는 것을 하나님의 진리에 대한 의무감으로 이해한다. 당연히 종교적인 광신(Fanatismus)으로부터 유추된 싸움이 아니고, 오히려 무자비한 인간 파괴자(피 흘리기를 즐기는 자)와의 싸움이다.

(3) 두 개의 동사 '미워하다'와 '역겨워하다'는 독일어 사용과는 달리 구약성서적 사용에서 함축적 의미를 가지고 있다. '사랑하다' 처럼 '미워하다' 역시 근본적으로 구체적 행위를 의미한다(비교. 구약성서적인 사랑의 계명. 레 19:17-18:33-34). 시편 139:21-22에는 증오심과 인간멸시가 나타나지 않고, 오히려 파괴적인 폭력에 저항하며 투쟁하는 태도와 행위가 주제이다. 이로써 우리는 이 두 구절을 객관적이고 오해 없이 번역할 수 있다.

21a 여호와여 내가 당신과 싸우는 자와 싸워야만 하지 않습니까?
21b 당신을 치러 다시 일어나는 자를 미워해야 하지 않습니까?

22a 그렇습니다. 내가 저희와 온전한 열정으로 싸우나니:
22b 저희는 나의 원수가 되었나이다.

(4) 사실상 시인은 '본성적으로' 악과 악인에 저항하는 이러한 싸

움을 원하지 않는다. 그는 7-12절에서 그것을 오해의 여지없이 명확하게 말하고 있다. 이 구절에서 시인은 악인들처럼 경쟁하며—그들의 성공과 부를 소유하고자 했던 그의 시험을 고백하고 있는 시편 73편(13-17절)을 기억하고 있다. 물론 시편 139:7-12 뒤에는 오히려 그 일로부터 빠져나오려는 의도와 하나님에게 그 일에 대하여 책임을 지우려는 경향이 내포되어 있다(비교. 시 139:39a). 이러한 갑작스러운 놀람은 시인을 광신(Fanatismus) 앞에서 보호하고 그에게 여호와의 동행에 근거한(비교. 23-24절) 그의 질책(Verwiesenheit)을 의식할 수 있게 한다.

(5) "시편 73편의 시인처럼 이 시편의 시인 또한 일요일마다 교회에 가는 많은 성도들과는 반대로, 하나님과의 신비적인 연대감(Gottverbundenheit)과 정치 사이의 깊은 관련성을 간과할 수 없다. 사회의 불의는 하나님과의 연대감을 파괴시킨다. 시편 73편의 '나'(das Ich)와 비슷하게 시편 139편의 '나'는 그것으로부터 위협받고 있다. 물론 그것에 대한 의식과 그것 앞에서의 두려움은 여기서 평화로운 풍경을 덮은 화산처럼 갑자기 들이닥친다."[7] 사회적인 불의에 눈이 멀거나 손이 더러워지지 않기를 원하는, 하나님에 대한 신뢰와 하나님에 대한 신비주의는 철면피한 태도이다.

(6) 시인은 그가 기도하면서 하나님과 시비를 가리고 있는 것처럼 그의 하나님과의 관계 속에 내포되어 있는 상반 감정의 병존

---

7) O. Keel, *Schöne, schwierige Welt-Leben mit Klagen und Loben. Ausgewählte Psalmen mit Auslegungen*(Berlin, 1991), 69.

(Ambivalenz)을 알고 있다. 이것은 시인이 한편으로는 근본적인 한계로, 다른 한편으로는 은혜로 경험하는 의존하는 신앙의 깊음과 낮음을 의미한다. 이러한 의존의 신앙 때문에 시편 139편은 "오랫동안 그리고 오늘날까지 언제나 반복해서 두려운 하나님에 관한 장엄한 시로서 읽혀지고 있다. 하나님은, 수많은 작은 일에 모욕하고, 화를 내시고 꾸짖으시기 위해서 … 인간의 낮과 밤을 외부에서 지켜보고 계시며 통제하신다. 시편 139편은 인자하심이 전혀 없이 강하게 통제하는 '막강한 독재자'(großen Bruder)의 시로서 읽혀진다. 그러나 그것은 사실이 아니다. 오히려 '나'는 하나님께서 나를 모태에서(Embryo) 지으신 것을 알고 있다. 그러므로 그는 내가 나를 아는 것보다 나를 더 잘 알고 있다. 나는 나 자신을 그의 선물로 받아 그와 함께 점차적으로 나를 알아간다."[8] 또한 예기치 못한 힘과 창의력(Kreativität)에서, 불의와 폭력에 대한 능동적인 저항 속에서 인간 안에 숨겨져 있는 것이 솟아오른다.

3. 시편 58편: 의와 정의를 위한 탄원

1 지휘자를 따라 "파괴하지 말아라!"에 맞추어 부르는 다윗을 위한/의한 믹담.

8) O. Keel, *Schöne, schwierige Welt*, 70.

2a 너희 통치자들아, 너희가 정말 정의를 말하느냐?

2b 너희가 공정하게 사람을 재판하느냐?

3a 그렇지 않구나, 이 땅에서 너희가 마음으로는 불의를 꾸미고,

3b 손으로는 폭력을 일삼고 있구나.

4a 악한 사람은 모태에서부터 곁길로 나아갔으며,

4b 거짓말을 하는 자는 제 어머니 뱃속에서부터 빗나갔구나.

5a 그들은 독사처럼 독기가 서려,

5b 귀를 틀어막은 귀머거리 살모사처럼,

6a 마술사의 홀리는 소리도 듣지 않고,

6c 능숙한 술객의 요술도 따르지 않는구나.

7a 하나님, 그들의 이빨을 그 입 안에서 부러뜨려 주십시오.

7b 여호와여, 젊은 사자들의 송곳니를 부수어 주십시오!

8a 그들을 급류처럼 흔적도 없이 사라지게 해주십시오.

8b 겨누는 화살이 꺾인 화살이 되게 해주십시오.

9a 움직일 때 녹아내리는 달팽이같이 되게 해주십시오.

9b 달을 채우지 못한 햇빛을 못 보는 미숙아같이 되게 해주십시오.

10a 가시나무 불이 가마를 뜨겁게 하기 전에

10b 생것과 불붙은 것이, 강한 바람에 휩쓸려 가게 해주십시오!

11a 의로운 사람이 악인이 당하는 징벌을 목격하고 기뻐하게 하시며,
11b 악인의 피로 그 발을 씻게 해주십시오.

12a 그래서 사람들이 "과연, 의인이 열매를 맺는구나!
12b 과연, 이 땅을 심판하시는 하나님은 살아 계시는구나!" 하고 말하게 해주십시오.

이 시편은 성무일도(聖務日禱)에서 제외되었다. 정확히 말하면 폭력적이고 피비린내 나는 표현을 가진 7절과 11절만이 충돌을 주는 것은 아니다. 전체적으로 멸절에 대한 분명한 소원을 표현하고 있는 시편의 비유어(Bildsprach) 역시 조화로운 명상에 근거하고 있는 예배의식을 파괴한다.

여기서 교회의 전통은 막무가내이다. 이 시편을 가지고 적지 않은 교회의 교사들과 설교자들이 유대인을 매장시켰다. 예를 들면 아우구스티누스의(Augustinus) 견해를 그의 『시편에서의 이야기』(*Enarrationes in Psalmos*)에서 읽을 수 있다.

"'하나님은 그들의 이빨을 입에서 뽑으셨다.'
이것은 어떤 종류의 이빨을 말하는가? 뱀들의 이빨과 동일하며, 술사의 공교한 방술을 행할지라도 그 소리를 듣지 아니하는 독사(Natter)의 이빨이다. 주께서는 그들에게 무엇을 행하셨는가? 주께서는 그들의 입에서 이빨을 뽑으셨다. 이것이 이전에도 일어났고 현재에도 일

어난다. 나의 형제여, 다시 말한다면 그것은 다음에서 충분히 설명될 수 없다. 하나님은 무엇 때문에 그들의 입에서 이빨을 부수었는가? 이 뱀들과 독사들처럼 바리새인들은 그리스도로부터 율법을 듣기 원하지 않고 그로부터 지혜의 교훈을 듣기 원하지 않았다. 그들은 그들의 과거의 죄를 우쭐대고, 그들은 현재의 삶을 잃지 않기를 원했다.

다시 말하면 그들은 그들의 현세의 기쁨을 영원한 삶을 위해서 양도하기를 원하지 않았다. 그들의 과거에 대한 애착을 통해서 그들의 한쪽 귀를 닫아버렸고 다른 한쪽 귀는 그들의 현재에 대한 애착을 통해서 닫아버렸다. 그러므로 그들은 듣기를 원하지 않는 것이다. 그렇다면 어떤 이유 때문에 그들은 다음과 같이 말하는가? '우리가 그를 그렇게 가도록 허락한다면, 로마인이 와서 우리에게 땅과 사람들을 빼앗을 것이다.' 그들은 그들의 땅을 빼앗기기 원하지 않았고, 그들은 그들의 귀를 막았다. 그들에 관해서는 탐욕스러운(habsüchtig) 돈을 탐하는 자들이라고 쓰여 있으며, 그들의 전체적인 삶과 그들의 과거의 삶을 주께서는 복음서에서 설명하고 있다. 복음서를 주의 깊게 읽는 사람은 그들이 무엇 때문에 그들의 양쪽 귀를 막는지 발견할 수 있다. 나를 이해하는 사람이 내가 사랑하는 자이다! 주께서 무엇을 행하셨는가? 그는 그들의 입에서 이빨을 뽑으셨다. 그들의 입에서? 무엇을 말하는가? 그들은 그들의 입으로 예수에 대한 증명을 부인했다. 그는 그들이 필요했다. 그들 자신의 입으로 판단을 언급하는 것. 세금에 대한 질문(Steuerfrage)으로 그들은 그를 기꺼이 고발하고 있다. 왜냐하면 그는 세금을 내는 것을 허락하느냐, 또는 허락하지 않느냐에 관해서 그의 입장을 말하지 않았기 때문이다. 그는 그를 물어뜯기 원하는 그들의 이빨을 짓눌러 부수기를 원했고, 그는 그들의 입술을 짓눌러 부수기 원했다. 그는 말하였다. '총독에게 세금을 내야 한다'라고 말했다면, 그들은 그가 유대백성을 모욕한다고 그에게 죄를 씌웠을 것이다. 왜냐하면 그것은 그가 유대 백성들의 납세의무를 인정하는 것이 되기 때문이다. 다시 말하면 그들의 죄의 결과로 그들이 낮아졌기 때문에(정복당함) 그들은 세금을 납부해야만 했다. 이것이 법규(Gesetz)에 기록되어 있기 때문이다.

만약 그가 세금 납부를 명령한다면 그에게서 자기 민족을 비난하는 죄를 확인하는 것이라고 그들은 생각했다. 그러나 세금을 납부할 필요가 없다고 말한다면, 그에게서 황제에 대한 충성을 저버린 죄를 확인할 수 있다고 생각했다. 그들은 이처럼 위험한 함정들을 주님을 잡기 위해서 주님 앞에 파놓았다. 그러나 그들은 지금 누구에게 왔는가? 그들의 입에서 이빨을 뽑아버리는 것을 알고 있는 자에게 온 것이다.

'데나리온 하나를 내게 보이라' 그가 말했다. '어찌하여 나를 시험하느냐, 너희 위선자들아?' 너희가 세금 납부를 생각하는 것이냐? 너희가 정의의 의무를 채우기 원하는가? 정의의 질문 속에서 답을 찾아라. 만약 진실로 너희가 정의에 관해서 말하고자 한다면 너희 인간들아 의롭게 판단하여라. 그러나 너희가 이렇게 말하고 다르게 판단하기 때문에 너희는 위선자들이다. 왜 나를 시험하느냐? 지금 나는 너희의 입에서 이빨을 부서뜨릴 것이다.

'데나리온 하나를 내게 보이라!' 그리고 그들이 그에게 그것을 보였다. '이것은 황제의 것이다'라고 그는 말하지 않았다. 오히려 그는 물었다. '이것이 누구의 것이냐?' 이렇게 그는 그들의 입에서 이빨을 부서뜨릴 것을 원했다. '이 화상(Bild)과 이 글이 뉘 것이냐?' 그의 질문에 근거하여 그들은 대답하고 있다. '황제의 것이니이다.' 이제 주는 그들의 이빨을 그들의 입에서 부서뜨릴 것이다. 그들의 대답과 동시에 이미 그들의 이빨이 부서뜨려진 것이다. '황제의 것은 황제에게, 하나님의 것은 하나님께 드려라.' 황제는 그의 화상을 찾고 있다. 그것을 그에게 주어라. 하나님은 그의 형상(Bild)을 찾고 있다. 그것을 그에게 드려라. 황제는 그의 주화(Münze)를 잃어버리지 않고, 하나님은 하나님의 주화를 잃어버리지 않는다. 너희는 그들 각각 양쪽에게 빚을 갖고 있는 것이다. 그들은 어떻게 응답해야 할지 알지 못했다. 그들은 그를 고발하기 위해서 그에게 왔지만, 그들은 돌아가서, 어느 누구도 그에게 대답할 수 없었다는 것을 설명했다. 왜? 그들의 입에서 이빨이 부서뜨려졌기 때문에 …

그리고 사자의 악골(顎骨)을 주께서는 꺾으셨다. 아마도 여기서 다음 부분을 삽입하지 않는 것이 무의미한 것이 아니다. 그에게 위험한 질문을 던지는 자들을 그는 필요로 했다. 왜냐하면 그들 스스로 질문의 답을 찾아 이해하도록 하기 위해서였다. 그러나 공개적으로 분노한 이들은 질문을 통해서 이해하지 못했다. 그 후 그들의 턱뼈는 꺾어졌다. 십자가에 못 박힌 자는 부활하셨고, 하늘로 승천하셨다. 그리스도는 영광 받으셨고, 모든 백성으로부터 숭배받고 모든 왕으로부터 숭배받으신다. 만약 유대인이 할 수 있다면, 이제 그들은 분노할 수 있다. 그러나 그들은 더는 그럴 수 없다. 주께서 사자의 악골(顎骨)을 꺾으셨다."

이 알레고리적인 논쟁을 우리는 더는 계속해서 언급할 필요가 없다. 그럼에도 불구하고 이 논쟁은 많은 사람에게 일어나는 시편 58편에 대한 자연발생적인 거부감이 시간과 상황을 조건으로 하는 '기호에 따른 판단'(Geschmacksurteil)에 영향을 받을 수 있다는 것을 보여준다. 무엇보다도 만약 우리가 시편 58편 안에 나타나는 겹쳐 있는 표현, 다시 말하면 층의 '의미'(schmecken)를 배운다면, 우리는 시편 58편이 장시간 힘들여 연구해야 하는 본문이라고 인정해야만 한다. 그러면 우리는 더욱더 그것을 좋아하게 된다!

본문의 양쪽 영역이 쉽게 파악될 수 있다. 여기 먼저 신들의 싸움(Götterkonflikt)이 시작된다. 신들의 싸움으로 시편이 시작되고(2절), 신들의 싸움으로 마무리된다(12절). 세계질서와 삶의 질서를 지키며 질서에 따라 살아가고 질서를 위해서 노력하는 정의로운 자들을 좌절하지 않게 하는 하나님이 존재하는지에 대한 질문이 주제이다. '그 사람들'(die Menschen)은 – 스스로 정의로운 삶을 결정하기 위해서 – 정의로운 삶이 '열매 맺는다'는 사실을 '거짓된 신들의' 운명과 '정의로운 자들의' 운명을 통해서 인식해야만 한다.

두 번째 본문 영역은 4절과 11절에서 분명히 나타난다. 여기서

'신들'은 '악인들'의 싸움의 상대자들이다. 동시에 인간들이 주제라는 것은 4절에서부터 의심의 여지가 없다. 그들은 신이 아닌 인간으로서 악의 대리인이다. 또한 11절에 전제하고 있는 잔혹한 전쟁에 대한 그림에서(11절의 "악인"은 공동체적인 개념이다.) 신들이 인간들을 상대하고 있다. 이 본문은 '정의로운 자'와 '악인' 사이의 싸움이 주제이다.

이 두 개의 서로 다른 본문은 십중팔구 시편의 두 가지 서로 다른 발생 국면을 암시하고 있다. 기본시편(Grundpsalm/시 58편)의 내용은 2-3, 5-6, 8-10, 12절에서 시편 82편과 눈에 띄는 관련성을 찾을 수 있다. 땅 위의 불의를 야기시키고 파멸을 불러일으키는 '거짓된' 신들에 대한 재판석(Tribunal)이 그 무대에 적합하다. 이 근본적인 시편은 기도가 아니라 오히려 예언자적-지혜 문학적 교훈시이다. 야웨 자신이 화자(話者)로 가정되어 있다. 그의 이야기는 네 부분으로 구성된다. 2-3절에서는 '신들'과 직접 이야기하고 있으며, 이것은 고소와 심문의 형식을 띠고 있다. 이것에 근거하여 5-6절에서는 죄에 대한 언급이 그리고 8-10절에서는 징벌에 대한 선포가 언급되고 있다. 12절은 결론으로 신들의 파멸을 목표로 표현하고 있다. 끝으로 정의가 이 땅에 살아 있다는 것이다. 신들의 문제를 소위 말하는 제3이사야의 신학적 사상세계(Vorstellungswelt)와 관련하여 지적하고 있는 기본시편(Grundpsalm)의 배경에는, 신들이 역사를 결정한다는, 그리고 진실한 하나의 신(또는 그 진실한 신)이 그의 지배 영역에서 의로운 자로부터 결실을 발견할 수 있도록 해야 한다는 사상이 들어 있다. 근본적으로 이것은 신정론의 질문이다. 의인이 정의를 경험할 수 없는 곳에서 하나님은 그의 존재를 상실한다. 이것은 이 시편에 꽂혀 있는 도전이다.

4, 7, 11절에 놓여 있는 기본시편의 편집은 이러한 신정론의 문제로부터 독립되어 있다. 이 기본시편의 편집은 불의와 폭력행위자들의 행위가 '신들' 또는 '악령들'의 업적으로 수용되거나 잘못 이해될 수 있는 위험을 제지하기 원한다. 악인에 대항하는 싸움은 공중과 하늘에서 권세자와 폭력 행위자들의 싸움으로서(비교. 엡 6:12) 이해될 수 있다. 무엇보다도 진정한 신을 위한 싸움과 관련해서 인간의 고통이 잊혀질 것이라는 위험에 대항하기를 원한다. 또한 이것은 심판이 종말론(Eschaton)으로 종결되는 위험에 대항하기 원한다.

이러한 의도 속에서 이 편집부분은 죄에 대한 언급을 첨예화하고 있다. 신들의 좌절은 악인의 범죄 속에 인식되며, 과장된 악인들의 부패는 4절에서 정의와 진리에서 벗어남으로 표현되고 있다. 시편의 구조 중심에 위치하고 있는 7절의 '도움을 요청하는 외침'은 근본적인 교훈시의 죽음을 두려워하는 자의 도움을 요청하는 외침으로 변화되고 있다. 이제 이 시편이 이해되고 신학적으로 평가되어야만 하는 상황이 있다. 그것은 탐욕스럽게 울부짖는 야생의 사자와 같은 악한 세상으로부터 잡아먹힐 위험 속에 있지만 정의롭게 살기 원하는 자들의 외침이다. 범죄자의 잔혹한 희생으로부터의 구원이 이 외침의 주제이다. 또한 11절은 전능자에 대한 환상과 복수에 대한 열망으로부터 해방을 말하는 것이 아니라, 오히려 권리와 정의 실현 그리고 회복이 주제이다. 확실히 죽은 악인의 핏속을 걷는 의인의 모습은 우리를 놀라게 하며 당황하게 하는 잔인한 모습이다. 여기서 우리를 휘저을 수 있는 감정적인 공격의 가능성이 가장 큰 문제가 된다. 어떻게 우리가 이 극도의 비유를 언어적으로 파악할 수 있는지 그리고 파악해야 하는지, 그래서 그들의 정당성의 배경을 정확하게 규명할 수 있는지에 관해서 우리는 논의할 수 있다(비교. 5장을 참조). 어쨌든 이러한 시편의 구절을 정당한 방법으로 다루기 위해서는 다음의 세 가지 관점을 고려해 보아야 한다.

(1) 이 시편을 통해서 기도하는 자는 12절에서 선언하고 있는 시편의 핵심인 삶의 신조 앞에 서게 된다. 의인만이 결실을 찾게 된다. 그리고 의로운 자는 진실한 하나님이 계심을 믿는다.

(2) 이 시편에서 그리고 특별히 11절에서 비합리적인 “복수”가 주제가 아니라, 오히려 “징벌”(Ahndung)[나는 마틴 부버와 같이 번역한다], 다시 말하면 불의의 희생으로부터 구원이 주제이며, 파괴당한 법질서의 명백한 재건－모든 인간을 위한－이 주제이다(비교. 12절).

(3) 이 시편은 종교와 윤리의 포기할 수 없는 관계를 위해서 싸우고 있다. 인간이 믿고 선언하는 하나님의 진리는 그들의 엄격한 시험을 막아주는지, 그 진리의 추종자들을 폭력의 길로부터 지켜주는지 그리고 폭력의 희생에 함께하는 삶을 재근하는지에 관한 것이다.

4. 시편 83편: 하나님을 대적하는 곳에서 하나님을 위한 증언

1 아삽의 시 곧 노래

2a 하나님, 묵묵히 계시지 마십시오.
2b 하나님, 침묵을 지키지 마십시오. 조용히 계시지 마십시오. 오, 하나님!
3a 보소서, 당신의 원수들이 소리 높여 떠들고,
3b 당신을 미워하는 자들이 머리를 치켜들기 때문입니다.
4a 그들은 당신의 백성을 치려고 음모를 꾸미고,
4b 당신께서 아끼시는 이들을 치려고 모의하며
5a "오라, 그들을 없애버리고, 나라가 되지 못하게 하자.
5b 이스라엘이라는 이름을 다시는 기억하지 못하게 하자" 말합니다.
6a 예 그렇습니다, 그들은 한마음으로 모의하고,
6b 당신과 맞서 동맹을 맺었습니다.
7a 에돔과 이스마엘 사람들,
7b 모압과 하갈 사람들,
8a 그발, 암몬, 아말렉,
8b 블레셋, 두로에 사는 사람들이 그러하고,
9a 아시리아까지도 그들과 힘을 합하여
9b 롯의 자손을 도왔습니다(셀라).

10a 미디안에게 하신 것같이,

10b 기손 강에서 시스라와 야빈에게 하신 것같이, 그들에게도 그렇게 해주십시오.

11a 그들은 엔돌에서 멸망하여,

11b 밭의 거름이 되었습니다.

12a 당신, 그들의 장수들을 오렙과 스엡과 같게 하시고,

12b 모든 왕들을 세바와 살문나와 같게 해주십시오.

13a 그들은 말합니다. "하나님의 목장을

13b 우리의 소유로 만들자!"

14a 나의 하나님, 그들을, 엉겅퀴와 같이

14b 바람에 굴러가는 쭉정이와 같게 해주십시오.

15a 산림을 태우는 불길처럼,

15b 산들을 삼키는 불꽃처럼,

16a 당신의 회오리바람으로, 그들을 쫓아내어 주십시오.

16b 당신의 폭풍으로, 그들이 두려움에 떨게 해주십시오.

17a 그들의 얼굴에 수치를 씌워 주십시오.

17b 그들이 당신의 이름 여호와를 간절히 찾도록 해주십시오.

18a 그들이 부끄러움을 당하고 영영 공포에 질려서,

18b 수치를 쓰고 멸망하게 해주십시오.

19a 하나님의 이름은 '여호와'이시며,

19b 온 세상에서 당신만이 홀로 가장 높은 분이심(엘리욘)을 알게 해주십시오.

시편 83편은 지탄의 대상이 된 다른 두 편의 "저주시편"—58편과 109편—과 비교하면 비교적 잘 수용되었다. 그럼에도 불구하고 우리는 비평적인 시편 주석에서 시편 83편에 관한 '학문적인' 한계와 선입견을 쉽게 발견할 수 있다. 그러므로 시편 83편이 교회 회의의 결정으로 성무일도에서 희생되었다는 것은 놀랄 일이 아니다.

한편으로 시편 83편을 교회의 중요한 상황을 위해서—당연히 "하나님의 증인"이 아니라, 오히려 "투쟁의 기도로서 그리고 저항(Durchhaltung)을 위한 기도"로서 강조하고 추천하는 견해도 있다. 예를 들면, 라이넬트(H. Reinelt)는 「영적인 성서 봉독」에서 기도에 대하여 다음과 같이 지적하고 있다.

> "이 시편을 통해서 기도하고자 하는 기독교의 기도자는(Beter) 구약성서의 시인(Psalmisten)에 의해서 뚜렷하게 제시된 하나님 백성에 대한 위협을 알아야 한다. 그리고 그 위협을, 우리 주 예수 그리스도의 운명에 따라서 교회역사의 흐름 속에서 교회에게 맡겨진 획일화된 비난을 위한 해결책으로서 재해석해야만 한다. 이러한 결론의 빛 속에서 그는 이 시편을 통해서 기도할 수 있다."[9)]

유사한 관점을 다이슬러(A. Deissler)는 제안하고 있다. 그는 시편에서 싸우고 있는 원수들을 좀 더 광범위하게 이해하고 있다.

---

9) H. Groß/H. Reinelt, "Das Buch der Psalmen II," *Geistliche Schriftlesung* 9 (Düsseldorf, ^{2}1984), 86.

> "구약성서에서 우리의 시편은 확실하게 합법화되었다. 그렇기 때문에, 시편은 당연히 새로운 언약의 상황에서 그리고 이해의 지평선에서 확장되어야만 한다. 언급된 적들의 이름들은 여기서 하나님의 적들의 권력을 나타내는 숫자가 되며, 그들 안에 그리고 그들 뒤에는 죄, 죽음 그리고 사탄들이 일하고 있다(비교. 계 13장, 20:7-10). 그들의 항상 새로운 무력화는 이 시편을 통해 기도하는 기독교 기도자의 간청으로 여겨진다. 17절의 청원은 – 그것이 간과되어서는 안 된다! – 동시에 반드시 강조되어야 한다. 가장 최종적이고 가장 간절한 소원으로서 기독교인에게 주어지는 것은 모든 인간이 '하나님의 이름을 찾는 것'이다."[10)]

기도의 이러한 수평적 측면에 마이센의 주교 오토 쉬퓔벡(Otto Spülbeck)의 입장이 포함될 수 있다. 쉬퓔벡은 1965년 공의회의 일원으로 성무일도에 "저주시편"을 포함해야 하는가 혹은 삭제해야 하는가에 대한 논쟁에서 다음과 같이 결론지었다.

> "우리의 특별한 [정치적] 상황은 시편 전체를 사용해야 한다고 요구한다. 우리는 어려운 상황에 처할 수 있기 때문에 '사탄에 대항하는' 표현들을 소유해야만 한다."[11)]

10) A. Deissler, *Die Psalmen. II. Teil(Ps 42-89)*(Düsseldorf, 1964), 157f.

11) 비교. A. Bugnini, *Die Liturgiereform 426* Anm, 10.

이러한 입장은 새롭게 복구되는 미사 예배의식—“믿음을 따라 살아가는 신앙인을 위한”—에서 시편 83:14, 19를 요한계시록 4:23-31에 대한 화답의 시편으로 보는 결정의 기초가 된다. 본문의 이러한 절단은 그 자체 안에서 가장 큰 문제가 될 뿐만 아니라(예를 들면, 어떻게 시편의 2절 도입부에 있는 탄원을 포기하여 삭제할 수 있을까?), 이러한 본문의 절단은 구절의 순서를 파괴하여, 시편을 그 신학적 역동성 속에서 이해하지 못하거나 전형적인 기독교적 색채로 잘못 이해할 수 있다는 것을 보여주고 있다.

이미 시편 83편에서 언급된 기독교의 ‘긍정적’ 수용을 위한 노력은, 이스라엘과의 구체적인 관련성을 수용하고 교회와의 알레고리적인 관련성을 만들어내는 데 일치하고 있다. 그러나 그와 달리 역사 신학적 관점이 더욱 강하게 지배하는 시편 83:10-16에서, 우리는 불쾌감과 주석가들의 오해를 발견한다. 1955년에 출판된 『해석자들의 성서』 시리즈 시편 주석서에는 두 가지가—불쾌감과 오해—다 설득력 있게 요약되어 있다.

“이 시편은 피비린내 나는 폭력에 대한 거칠고 지루한 일람표이다. … 이러한 요소들은 이 시편이 시편 전체의 모든 시 중에서 종교적인 색체가 가장 작은 것 중의 하나로 간주하는 데에 결정적인 영향을 주고 있다. 혼란과 복수욕이 완전히 지배적이어서, 이 시편은 우리가 얼마나 많은 신뢰를 경건한 소원으로 고백하고 있는지는 관심갖지 않는다. 다른 복수시편에서 다시 회복되는 사랑과 신뢰 그리고 하나님이 돌보신다는 의미가 이곳에는 결여되어 있다."

이미 이 시편 기도의 역동성에 대한 집중적 조망은 결론이 되는 구절을 통해서 미사의 영광에 이르게 하는 – 나의 견해로는 – 포기할 수 없는 신학적인 복음을 가지고 있다는 것을 밝혔다.

포로기 이후의 이 시편은(명시적이든 혹은 암시적이든) 하나님에 대한 일반적인 종속(種屬)명사의 당신-호칭(Du-Anrede)으로 구성되어 있고, 동시에 2절 처음부터 나타나는 세 번의 부정명령형(Vetitive)과 10, 12, 14, 17절에 나타나는 네 번의 명령형은 당신-호칭에 도전적으로 청원하는 절박성을 표현하고 있다. 이것은 이스라엘 안에서(in) 그리고 이스라엘을 위해서(für) 세계열방들의 공청회에서, 그의 하나님 됨을 증명하기 위한 하나님과의 싸움이다. 정확히 말하면 이스라엘은 야웨와 이스라엘이 메달의 양면처럼 서로 종속되어 있다는 경험 때문에 하나님 섭리에 대한 증인으로서의 정체성을 갖는다. 만약에 이스라엘이 위협을 받는다면 야웨는 이스라엘의 하나님으로서 위협을 받는 것이다. 만약에 이스라엘의 이름이 사라진다면 이스라엘의 하나님 야웨는 '사라지는 것이다.' 이것에 관하여 다음과 같이 강조하여 말하고 있다. 이 시편에서 이스라엘은 야웨께, 끝까지 그 자신의 '살아남음'을 위해 무엇인가 행할 것을 울부짖고 있다. 이러한 역동성은 시편 첫 구절과 결론 구절을 통해서 언어적으로 강하게 강조되고 있다. 2절에서 두 개의 콜론이 사용됨으로 하나님에 대한 표현 엘로힘과 엘이 외부적으로 그 틀을 형성한다.

그러나 이와 다르게 두 개의 콜론(19절)은 내부적으로 하나님의 이름 야웨 또는 하나님의 호칭 엘론과 19절 중심에서 충돌하고 있다. 이 두 평행법(Parallelismen)의 경우 각각의 구절에서 하나님의 이름이 강조해서 나타남과 동시에 탄원하고 있는 하나님에 대한 증명과정이 아주 의도적으로 표현되어 있다. 침묵하는 하나님으로서 그를 '엘로힘'과 '엘'로 부르고 있다. 그는 먼 곳에 계신 하나님, 이름이 없고 영이 없는 신이다. 다시 말하면 그는 백성들이 가지고 있는 신의 세계에서 모습을 감춘다. 더욱 곤란한 것이 있다. 백성들은 이미 그것에 근거하여 그를 상실할 수 있고, 그를 소멸시킬 수 있다. 그러므로 이스라엘은 이 시편에서 극도의 두려움과 본질적인 하나님의 역사에 대한 기억으로 하나님을 위협하고 있다. 그러나 결론적으로는 이 시편에서 이스라엘은 하나님의 멀리 계심과 하나님의 졸음을 부정하고, 그의 개인적이며 우주적인 하나님 존재를 언급하는(19절) 동시에 야웨가 '그의 이름'으로 현현할 것을 그에게 위협적으로 하고 있다. 야웨가 그의 위험스러운 잊혀짐으로부터 깨어나기 원하는 이스라엘의 이러한 부르짖음이 시편의 모든 표현들이고, 또한 소위 말하는 저주시편과 멸절에 대한 소원이 시편의 표현들이다. 이 시편에서 시인이 말하고 있는 고난은 그의 하나님에 대한 이스라엘의 고난이며, 하나님에 대한 고통에 찬 그리움이다. 이스라엘의 하나님과의 공동체적인 기억을 '회상'하며 '탄원'하는 두 개의 상반된 가치가 동시에 함유된 역사 경험의 관점에서 더욱 그러하다.

9절 끝에 주의를 요하는 '셀라'를 통해서 이 시편은 두 부분으로 구성되어 있다. 첫 번째 부분(2-9절)은 그와 그의 백성에 대항하는 열방의 분망(Treiben)을 냉담하고 무관심한 것처럼 무력하게 받아들이고 있는 하나님에 대한 탄원과 저항이다. 탄원은 이스라엘의 하나님에 대한 어두움이 세 번에 걸쳐서 점차적으로 강조되고 있는 부정명령형의 연속으로 구성되어 있다. 야웨께서 말씀하시는 것이 짧게 다음과 같이 요약된다. 그는 그의 백성 안에서(in) 그리고 그의 백성들과 함께(mit) 살고 있는 살아계신 하나님이다. 원인의 문장구조로 이루어진 3-9절에서 입체적으로 펼쳐져 있는 것처럼, 이것은 이스라엘의 전승된 신앙의 핵심적 표현에 속한다. 그리고 이런 핵심적 표현은 이스라엘의 역사를 통해 모순되고 사소한 것으로 증명되었고, 증명되고 있다. 이 구조는 두 개의 단락 3-6절과 7-9절로 구성되어 있다.

3-6절로 이루어진 단락은 교차대조법의 구조 속에서 시인은 하나님과 그의 백성을 표적으로 삼고 있는 원수들의 계획을 탄원하고 있다(3절: 야웨에 대항하여, 4-5절: 야웨의 백성에 대항하여, 6절: 야웨에 대항하여). 원수들의 행위는 한편으로는 사람과 관련된 비유를 사용하고 있다. 원수들은 '미워한다', '머리를 든다', '협의하다', '서로 이야기한다', '마음'과 '팔'을 가지고 있다. 이와 상응하여 야웨는 초월적이지만 동시에 인간 의식 영역에 머무는 분으로 표현되어 있기 때문에, 그는 사실상 사람으로서 위협받고 위험에

처하는 것처럼 보인다. "그들이 당신과 맞서 동맹을 맺었습니다" (6b절). 다른 한편으로는 혼돈의 싸움과 관련된 어원으로부터 발생되는, 첫 번째 동사 '광포하게 굴다'는 전체 행위에 하나의 신비적인 영역을 제시한다. 여기서 표현되고 있는 싸움의 근본적이며 필수적인 의미는 신비적인 영역으로 표현되어 있다.

이스라엘에 대한 개인의 싸움이 주제를 이루는 것이 아니라, 야웨에 대항하고 이스라엘과 관계를 맺고 있는 야웨의 하나님 되심에 대항하는 민족들의 신화적인 저항이 주제이다. 이것은 5절에 나타나 있는 민족들의 저주 안에서뿐만 아니라 상황을 설명하고 있는 6b절의 문장 "그들이 당신과 맞서 동맹을 맺었습니다"에 잘 나타나 있다. 그들은 '계약'이 전제되는 야웨와 이스라엘의 관계를 파괴하는 반대파들로 선택된 자들이다. 시편의 이 짧은 단락은 하나님에 대한 이스라엘의 특별한 증인자격을 명백하게 말해주고 있다. 이스라엘이 역사 안에서 일하시는 하나님을 믿기 때문에, 이러한 역사 속에서 경험한 하나님을 언어와 비유를 통해서 매우 강하게 파악해야만 하기 때문에 그의 형상은 많은 부분에 있어 본질적이고 구체적이며, 그의 이러한 하나님 형상은 역사로부터 분리될 수 없다. 이것은 시편의 "저주와 멸절에 대한 청원" 속에서 참을 수 없음까지 이르게 하는 유대 기독교적 하나님의 복음에 대한 실제적인 도전이다. 기독교인들은 역사의 측면 아래 비교적 겸손한 예수의 삶과 죽음에 집중한다. 그리고 하나님의 행위 안에 있는 내재적 관계(Immanenzbezug)에 집중한다. 그러므로 이런 기독교인에게 이스라엘의 역사 속에서 하나님의 복합적이고 구체적인 "성육신"(Inkarnation)은 위에서 요약하고 있는 "저주시편"에 관한 논쟁처럼 하나의 도전[12]이다.

이 시편이 역사 속에서 야웨의 하나님 됨에 대한 의심을 얼마나 급진적으로 느끼며 해석하고 있는지에 관해서는, 의도적으로 잘 다듬어져 표현되어 있는 원수 열방에 관한 극적인 장면에서 추론할 수 있다. 이들은 두 번째 단락과(7-9절) 연결되는 3-6절에서 결탁의 행위자로 탄원되고 있다. 주석할 경우 이 단락을 역사적인 상황에 근거하여 해석하려는 노력이 항상 다시 시도된다. 그리고 이 노력의 이면에는 다음과 같은 사실이 인정되어야만 한다. 이 단락의 시적이며 상징적인 형태에 이스라엘의 역사 속에 있는 재앙의 측면이 주제임을 이미 보이고 있다. 언급된 민족과 부족들의 이름은 상징적으로 이스라엘이 그들의 역사 안에서 원수로 경험하고 두려워하는 민족들의 세계를 대표하고 있다.

형식적인 관점에서 이러한 "민족들의 극적인 장면"은 해석학적으로 중요한 다섯 가지 특징을 지적해주고 있다. (1) 열 민족들이 언급되고 있고 이들을 통해서 완전성, 즉 역사의 최종 개관이 주제를 이루고 있다. (2) 열 줄(행)이 언어적·양식적 관점에서 9+1 순서로

12) 비교. H.-P. Müller, "Entmythologisierung und Altes Testament," *NZSTh* 35(1993), 2 Anm. 5: "초월적인 야웨의 행위에 관한 구체적인 내재적 관계(Immanenzbezug) 속에서 우리는 신약성서의 맞은편에서 정확히 구약성서의 부가가치(Mehrwert)를 보기 원한다. 신약성서는 구약성서의 맞은편에서 기독교인을 위해서 구약성서를 불필요한 것으로 만들지 않는다."

구성되어 있다. 7-8절에 있는 이름의 순서에 따라 아시리아는 열 번째 부분으로 9절에서 제한적으로 구분된다. 이러한 역사적인 총체는 역사의 두 측면에 관해서 알려주고 있다. 그들의 입장에서 거대한 행위자들에 의해서 충돌되고 쫓기는, 소수의 행위자들이 존재한다. (3) 새로운 작은 민족들의 질서가 동쪽과 서쪽으로부터 이스라엘에 위협적으로 조여드는 숨막힘을 느끼게 하는 지리적 구조를 따르고 있다. (4) 이 이름의 선택은 약속의 땅을 향한 이스라엘의 여정과 그 땅에서의 정착전승에 대한 암시가 명확하다. (5) 한 집단이 새로운 이름으로 묶여진다는 것은 아마도 이집트의 조형미술연구와 국가신학(Staatstheologie)이 다양하게 증명해주고 있는 것처럼 민족들의 "아홉됨"과 "아홉 개의 화살"에 대한 사상과 연결된다. 이들은 모두 이집트의 왕에게 복종하고 이스라엘에게 원수가 되는 민족들을 상징하고 있다. 그러므로 우리의 시편이 이런 아홉 개 집단의 폭동을 탄원하고 있다면 이스라엘은 우주를 위해서 혼돈을 길들이는 자(Bändiger)로서 야웨의 역할을 호소하고 있는 것이다.

두 번째 부분(10-19절)은 세 번의 시도 속에서 야웨의 개입을 요청하고 있다. 동시에 비유의 언어를 통해서뿐만 아니라 하나님에 대한 호칭을 통해서 하나님에 대한 증명을 요청하는 탄원이 더욱 강해지고 있다. 10-13절은 사사기 4-8장에 관한 암시로서 이스라엘의 원수에 대한 야웨의 '처음' 행위를 기억하고 있고, 동시에 인용구에 나타나는 원수들의 대화 속에 명시적인 하나님의 관계가 표현되어 있다. 사용된 비유들은 야웨의 행위를 구체화하는 것이 아니라 원수들의 운명을 구체화하고 있다. 그와는 달리 하나님에 대한 호칭 "나의 하나님"으로 강조되는 단락 14-16절에서 (자연의ㅡ) 신현현(Theophanie)의 언어적 암시를 내포하고 있는 비유들이 나타나고 있고, 동시에 16절에서 2인칭 단수 어미는 하나님 오심의 인격적인 측면을 준비하고 있다. 이것은 최종적인 단락 17-19절의 핵심적 표현으로 두 번의 야웨 이름에 대한 언급과 함께 나타난다. 시편의 상투적인 언어를 사용하고 있는 최종 단락의 비유들은 열방민족과 야웨의 만남을 인간들과의 만남으로 표현하고 있다. 원수가 되는 열방민족과 야웨는 서로 충돌하고 있다. 이 만남에서 열방민족들은 야웨를 비로소 알게 되며 그것으로 말미암아 시편에서 탄원하고 있는 이스라엘이 걷는 고난의 역사가 결말에 이르게 한다. 시편의 "멸망에 대한 기원"을 바르게 이해하기 위해서, 야웨에 관한 묵시형태와 비유 언어의 고조된 절정은 고려되어야만 한다.

이스라엘의 정체성과 그들의 구체적인 역사에 대한 기억으로 야웨를 위협하는 비유, 그리고 동시에 그에게 이런 비유의 성취를 야웨에게 맡기는 야웨에 관한 비유들은 하나님에 대한 표상(Bilder)이다. 성서의 하나님에 관한 비유의 표면적이고 오해하기 쉬운 모순은 새로운 하나님에 대한 앎으로 이끌어주는 "의미론적 충격"[13)]

13) H. Weinrich, "Semantik der kühnen Metapher," A. Haverkamp, ed., *Theorie der Metapher*(Darmstadt, 1983), 316-339는 비유의 "모순성"(Widersprüchlichkeit)

을 불러일으킨다. 복잡한 하나님의 진리를 개념 규정을 통해서 놓치거나 파괴하지 않기 위해서, 성서의 하나님에 관한 비유를 소화하기 힘들고 이해하기 어려울지라도 그 자체대로 수용하는 것이 중요하다. 하나님에 대한 비유는 익숙함과 당연함을 넘어선 언어의 힘으로 새롭고 놀라운 하나님에 대한 발견의 역사를 가능하게 한다. 아니 요구한다. 왜냐하면 이 역사 자체는 하나님에 대한 이런 서술어에 관하여 언제나 새롭게 의문을 제시하며 동시에 새로운 실제화 혹은 이해의 방식을 제시했기 때문이다.

이스라엘 신앙역사의 매력과 역동성은 "그러므로 결정적으로 중요한 것은, … 표면적인 일치를 파괴하는 것이다. 이것은 우리가 하나님에 대한 핵심적 비유의 의미를 소화하기 힘들지라도 서둘러 피상적인 일치를 결론으로 내리지 않고 그것을 이해하기 위한 갈망을 포기하지 않은 것이다."[14]

세 단락 10-13, 14-16, 17-19절에서 이스라엘은 하나님에 대한 새로운 경험을 갈망하고 있다. 이들의 갈망은 하나님 진리에 대한 열정적인 확고부동함이다. 이것은 무엇보다도 세 단락의 비유들과 결합하면서 '의미론적인 충격'을 더욱 고조시키는 하나님 비유의 몽타주기법(Montage) 속에서 표현되고 있다. 극적 긴장감이 여기서 더욱 고조된다. 왜냐하면 기도로서 혹은 하나님에 대한 호소로

을 말하고 있다. 이 "모순성"은 비유의 성격에 "대담성(Kühnheit)의 특징"을 설명해준다.

14) J. Werbick, *Bilder sind Wege. Eine Gotteslehre*(München, 1992), 70f.

서 비유적인 대화가 형성되기 때문이다. 그래서 10-19절에서 결합되는 하나님에 대한 비유는 하나님에 대한 묘사의 이중적인 의미이다. 이 비유는 한편으로 집단적인 기억 속에 집결되는 하나님에 대한 경험을 언급하는 것이며, 사실 그들의 역사를 통한 불확정의 관점에서 진리를 새롭게 이해하기를 원하는 것이다. 이스라엘은 지금까지 스스로 역사를 통해서 야웨와 그의 정의로 창조된 '오심'을 비유적 관계로 재구성하고 새롭게 배우는 노력을 하고 있다.

그리고 다른 한편으로 야웨 자신의 진리를 위해서 이러한 묘사들 안에 함축되어 있는 하나님의 가능성을 새롭게 이용하고 있다. 야웨에게 반론을 제기하는 묘사(Bilder)들은 하나님의 가능성에 관한 표현이다. 그러므로 10-19절의 몽타주 비유를 통해 개별적인 요소들 사이에 존재하는 긴장감과 모순들은 문학적으로 해석될 수 없고 개별적인 표현들에 근거하여 신학적으로 평준화될 수 없다. 무엇보다 세 번째 단락은 정통파의 희석화(Abschwächung)로서 잘못 이해될 수 없다. 이 단락은 끝으로 이스라엘의 하나님 되신 야웨가 엘룐으로서, 다시 말하면 시온을 위하여 혼돈과 싸우는 자로 증명되어야만 한다고 위협하고 있다. 마치 그것이 그의 '이름' 야웨에 어울리는 것처럼 이스라엘은 하나님께 요청하고 있다. 야웨는 이스라엘 역사 초기 전쟁의 신으로 나타나 그의 백성 이스라엘을 보호하고 구원하였다. 시편은 이러한 야웨 경험을 근거로 하여 비유적인 표현을 통하여 야웨의 구원 능력이 부재된 현실을 탄원하고 있다.

이스라엘이 정복하기 원하는 하나님의 땅 가나안과 미디안 앞에서 이스라엘의 구원에 관한 비유적이며 암시적인 이야기가 이 전쟁의 실제적 반복을 촉구하는 것이 아니다(그것은 야웨의 역사적인 영역을 삭제하고 신비적인 신의 형상을 부각시키는 것이다!). 시편이 다루고 있는 비유의 범위는 오히려 모든 민족에게 야웨를 알게 하고, 그리고 그 안에서 이스라엘의 구원을 안내하는 하나님의 일하심(Epiphanie)(10-16절)과 하나님의 나타나심(Theophanie)(17-19절)의 결합체이다. 구원과 보호의 하나님, 공평과 정의의 하나님에 대한 전승이 역사의 실제 속에서 자기당착에 빠지는 것처럼 보이는 상황은 가능하다. 이러한 상황 속에서 시편은 이스라엘이 스스로 변화하고 다른 민족들에게 영향을 주는 하나님의 증인 역할을 한다. 이스라엘의 하나님에 대한 그리고 하나님을 향한 강렬하고도 힘없는 외침은 이런 고통에 찬 상황과 관련하여 이스라엘이 그들의 하나님 증언을 어떻게 구체화하느냐의 문제를 이야기하고 있다. 이것은 이스라엘 안에서 이스라엘을 통해 야웨가 하나님으로서 자신을 이 세계 안에서 증명해 보이길 원하는 강한 희망의 외침이다. 이러한 이스라엘의 하나님 증언은 극도의 하나님 회의에도 불구하고 그의 하나님 야웨께 모든 것을 맡기는 것이며, 이 믿음은 위협받고 추격당하는 자들을 향한 하나님의 사랑을 하나님의 정의로 증명하고 있다.

시편 83편의 하나님에 대한 증언에 어떤 내용이 함께 포함되어 있는지, 그리고 시편의 기독교적인 수용에 대한 질문을 위해 그것이 무엇을 의미하는지에 관해서는 계속해서 논의해야만 한다. 우리의 질문과 시편의 신학적 '가치'를 위해서 다음의 관점들은 중요하다.

(1) 이 시편은 처음과 끝부분에서 드보라의 노래(삿 5:31) 마지막 절을 틀로 취하고 있다. 이 시편은 사사기 4-5장의 전승을 수용하고 있고 실제화하기 원하는 것을 10절에서 비유적으로 말하고 있다. 시편 83편과 사사기 5장의 상호관계는 더 많은 함축적 의미를 시사한다. 그러므로 이 시편을 시작하고 있는 부정명령형을 통해 시내산에서 오신 구원의 하나님을 향한 외침을 들을 수 있다. 사사기 5:4f., 20과 시편 83:14-16 사이의 유사한 모티브는 구원을 주시는 하나님 현현을 보여준다.

다른 한편으로 19절을 사사기 5장의 결론에서 강조한 보충기록(Fortschreibung)으로 읽을 수 있다는 점에서, 사사기 5장과의 비교는 시편 83편의 변경된 신학적 특징을 뚜렷이 강조할 수 있다. 시내산 하나님의 계시는 확실히 민족의 하나님으로서 이스라엘의 구원을 목적으로 하고 있다(비교. 삿 5:11, 13과 함께 시 83:4f.). 그러나 내부적으로 더 크게는 원수가 되는 민족들의 변화를 목적으로 하고 있다. 시편의 복합적인 구조를 통해서 강조되고 있는 3절과 19절 사이의 대조는 다음의 사실을 보여주고 있다. 시편은 더는 하나님의 원수들(Gottesfeinde)의 멸망을 소망하는 것이 아니라, 하나님의 원수됨(Gottesfeindschaft)의 끝을 소망하고 있다. 야웨와 그의 백성에 대한 **민족들의 공격**(Völkersturm)은(2-4절) **민족들의**

순례(Völkerwallfahrt)와 **민족들의 경배**(Völkerhuldigung)로 변화된다. 시편의 다루기 힘든 모든 표현들은 해석학적으로 이런 근본적인 역동성 속에 포함될 수 있다.

(2) 시편 83편은 시편 46–48편과 주제적 관점에서만 유사한 것이 아니다. 시편 83편은 특별히 시편 내부에 나타나는 사건의 구조 속에서 시편 46편을 강하게 지향하고 있기 때문에, 그것은 신뢰시편 46편 안에 그려지는 야웨의 우주적인 평화 통치의 시작에 대한 비전의 탄원으로 읽을 수 있다.[15]

(3) 우리의 시편(시 83편)은 일반적으로 주석서가 주의를 요하는 사건의 구조 속에서, 비유적인 몽타주 기법의 경우 대조적이며 긴장감 넘치는 시편 2편과 일치하고 있다. 양쪽의 시편 사이에 더욱 다양한 주요 용어들이 관련성을 갖고 있다.[16] 물론 양쪽 시편의 유사성이 발생사적인 종속의 의미에서 설명될 수 있을지, 어떻게 설명되어야 하는지는 여기서 계속 논의되기 어렵다. 시편 2편 역시

15) 시편 46편에 대한 83편의 근접성은 무엇보다도 양쪽의 시편에서 공통적인 의미론적인 긴장감 "민족들의 광란"(시 46:4, 7, 83:3)과 "야웨의 인정"(시 46:11, 83:19)에서 인식할 수 있다. 시 46:11은 민족들에 대한 요청이며, 시 83:19는 야웨에 대한 청원이다.

16) 시 2:2, 83:4("비밀리에 작당하다"; "작당"), 시 2:5, 83:16, 18("놀라다"), 시 2:12, 83:18("사라지다, 멸망하다"), 시 2:12, 83:15("불붙다, 불타오르다"). 중요한 것은 두 시편 사이의 평행을 이루고 있는 구조이다. 비밀스러운 작당을 표현하고 있는 인용구 속에 나타나는 야웨에 대한 '민족들의 돌진'; 야웨가 우주를 다스린다는 것을 인정하도록 하기 위해서 민족들을 움직이는 '하나님의 놀람'을 통한 야웨의 개입이다.

이스라엘과 그 백성들을 왕이신 야웨의 통치 아래로 인도하기 위해, 야웨의 폭력에 대한 비유들을 삽입하고 있다는 사실은 시편 83편의 신학적인 이해를 위해 중요하다.

(4) 시편 83편은 제왕시편 93-99편의 결론이 되는 시편 100편 안에 찬양으로 나타나는 시내산 비전을 배경으로 한다. 이 비전은 이스라엘과 열방을 시내산에서 동일한 하나님 증인으로 이해하고 있다. 사실 시편 100편은 시편 83:17-19를 보충 기록한 해석으로서 이해될 수 있다.

(5) "(더는) 침묵하지 마소서!"라는 호소로 시작되는 시편 83편은 정경 강독에서 첫 번째 아삽의 시, 시편 50:3의 "우리의 하나님은 오셔서 침묵하지 않으신다"로 소급해 볼 수 있다. 시편 50편에서 하나님의 정의를 그의 백성에게 선포하고 그것을 그의 백성 가운데 법정에서 실행하는 야웨의 현현이 언급되고 있다.—정확히 말하면 우주의 무대에서(시 50:2) 시편 50편의 야웨의 현현은 아삽의 시 시편 83편에서 이러한 무대에서 살아가고 있는 민족들에게 선포된 하나의 사건으로 구체화되고 있다. 그리고 시편 83편을 따르고 있는 시편 50편의 절정은, 시편 83:17, 19에서 요구되는 민족들에 대한 야웨-인식이 무엇을 의미하는지 해석해주고 있다. 그것은 시내산에서 계시되고 시온에서 출발하고 있는 하나님의 정의에 대한 수용이다.

(6) 우리는 시편 83편을 국수주의적 또는 열광적인 권력 구조의 표현으로 잘못 이해해서는 안 된다. 시편 73편과 다양한 관련성을

지니고 있는 시편 83편의 핵심 언어들이 이 사실을 강조하고 있다. 그것은 이스라엘의 하나님으로 인한 그들의 고난에 대한 민감한 증언 – 그리고 그럼에도 불구하고 이스라엘 안에 살아 있는 하나님에 대한 그리움에 대한 민감한 증언이다.

(7) 열두 편의 아삽시편(시 50, 73–83편)의 결론 시편으로서 시편 83편은 아주 핵심적인 의미에서 '신정론 시편'으로 증명된다. 이 시편이 하나님을 '변호함'으로써 신정론이 발생하는 것이 아니라 오히려 이 시편이 하나님의 정의를 탄원하면서 야웨께 그의 하나님 됨을 위협하는 불의를 호소함으로 이루어지고 있다. 그리고 야웨는 이러한 불의를 용서하지도 인정하지도 않을 것이라는 것에 대한 희망의 비유로서 야웨에 대한 호소를 완성하고 있다.

5. 시편 137편: 무력한 자들에게 머무는 것

1a 바벨론의 여러 강변에서
1b 시온을 기억하며,
1c 우리가 거기에 앉아서 울었도다.
2a 그 중의 버드나무에
2b 우리가 우리의 수금을 걸었나니
3a 이는 우리를 사로잡은 자가 거기서 우리에게 노래를 청하며
3b 우리를 황폐하게 한 자가 기쁨을 청하고:

3c “우리를 위하여 시온의 노래 중 하나를 노래하라”

4a 우리가 어찌 여호와의 노래를 부를까?

4b 이방 땅에서

5a 예루살렘아 내가 너를 잊을진대,

5b 내 오른손이 그의 재주를 잊을지로다

6a 내 혀가 내 입천장에 붙을지로다

6b 내가 너를 기억하지 아니하거나

6c 내가 예루살렘에 앉지 아니하거나

6d 나의 기쁨의 정상에서

7a 여호와여 에돔 자손을

7b 예루살렘의 날을 기억하시고.

7c 그들이 말합니다: “헐어 버리라 헐어 버리라

7d 그 기초까지!”

8a 딸 바벨론아, 너 폭력을 자행하는 자여:

8b 우리에게 행한 네 행위대로

8c 네게 갚는 자가 복이 있으리로다!

9a 네 어린 것들을 바위에

9b 메어치는 자는 복이 있으리로다!

포로의 상황 속에서 발생한 시편 137편은 최소한 본문의 전체적인 형태면에서 기독교에서 거부되어질 수 있는 “폭력시편”(Gewältpsalm)

으로 정말 탁월한 시편이다[비록 그 첫 부분이 기독교적인 인용사전(Zitatenschatz)에 수용되고, 몇 년 전 보니 엠(Boney M.) 그룹이 본문에 음악을 붙임으로써 젊은이들의 디스코-음악의 히트곡이었을지라도]. 알폰스 다이슬러(Alfons Deissler)는 이 시편에 대한 감정이 이입된 해석을 보여주고 있다.

> "시편 137편은 시편에서 가장 감동적이며 시적으로는 최고의 노래 중의 하나이다. 우리가 전체적으로 그 당시의 시인의 상황 속으로 들어간다면, 우리의 마음은 전대미문(前代未聞)의 마지막 구절을 그 당시 시야로 이해하며 심정적으로 동조할 수 있다. 그러나 실제로 그 상황 안에 그리스도는 절대로 들어갈 수 없다. 누가복음 9:54f.에서 예수는 이를 수용할 수 없는 한계에 머문다. 제자들은 하늘의 불을 원수들에게 던질 수 없다. 반대자를 위해서 기도해야 하며, 그들을 저주할 수 없으며, 예수님의 말씀과 본보기에 관한 해석을 변경해서 가르칠 수 없다(마 5:44; 눅 23:34; 비교. 롬 12:19f.). 그러므로 시편 137편의 결론 구절(8절)을 새로운 하나님 백성의 시편에서 삭제해야만 한다. 또한 요한계시록 18:2-8은 현재 교회의 언어로 그들을 정당화하고 있지 않다."[17)]

물론 8절 후반절의 삭제는 시편의 문학적인 구조를 파괴할 뿐만

17) A. Deissler, *Die Psalmen. III. Teil(Ps 90-150)*(Düsseldorf, 1965), 185f.

아니라 시편의 폭력에 대한 바른 신학적 수용을(!) 위한 기본적인 핵심을 빼앗는다. 8절 후반절에 서둘러 삭제를 감행하는 자들이 암시하는 것처럼 이 시편은 아이들을 살해한 자에 대한 '축복'이 주제가 아니라, 오히려 무력한 자의 정의에 대한 열정적 호소가 주제이다!

시편 137편은 그들이 당한 고난의 상황을 폭력을 통하여 변화시킬 수 있는 권력을 가진 사람들의 노래가 아니다. 시편 137편은 테러를 일삼는 자들의 투쟁의 노래도 아니다. 오히려 비록 모든 것이 사실 반대로 표현되어 있을지라도 이 시편은 역사적으로 형성된 정체성을 지키고자 노력하고 있다. 모든 것을 하나님께, 정확히 말하면 한 분이신 하나님께 넘겨 드림으로써 깊은 굴욕과 속수무책의 상황에서 폭력에 대한 인간 본래의 강한 경향을 자신의 가슴속에서 제압하려는 노력이 더욱 강하다. 한 분이신 하나님의 판결은 전 우주적 정의를 전제하기 때문에 시편 기도자들은 이러한 하나님의 정의에 자신을 종속시킨다.

시편 137편은 두 부분으로 구성되어 있다. 1-6절에서 시인들은 그들이 바벨론의 낯선 상황에 직면하게 된 특별한 현실을 탄원하고 있다. 구조적인 폭력과 그들의 '폭군'(Zwingherr)의 비웃음, 또한 그들의 상황에 대한 전체적인 모순이 결정적 장면 속(Momentaufnahme)에 반영되어 있다. 그들에게 '고통을 주는 자'는 옛날에 시온과 시온에서 살아가는 사람들을 보호하시는 야웨를 찬양하는 "시온의 노래"를 가진 이스라엘을 비웃고 있다(비교. 시 46, 48편).

이스라엘이 바벨론으로 끌려오고 예루살렘은 파괴되었다("예루살렘의 날": 비교. 7절). 그러므로 이 노래에서 찬양하고 있는 시온에 대한 야웨의 내적 관계는 바벨론 사람들 눈에 명백한 반증(Gegenbeweis)이다. 이러한 상황 속에서 "시온의 노래"를 부른다는 것은 분명히 경멸적이다. 사실상 이미 하나님에 대한 회의가 선언되어 있다. 그러나 여전히 시인은 야웨에 대한 그리고 시온을 위한 약속을 붙잡고 있다.

야웨에 대한 약속 외에 다른 무엇을 붙잡을 수 있겠는가? 당연히 5-6절에서 보여주는 것처럼 야웨에 대한 확신을 그들은 어렵게 달성해야만 한다. 현실 권력에 대항해서 그리고 그들 고유의 무력에 대항하여 그들은 야웨를 통해서 모든 것을 소망할 수 있으며 그에게 모든 것을 위임하는 맹세를 표현한다. 다시 말하면 이것이 이 단락(5-6절)의 중요한 점이다. "맹세할 때 맹세의 끝 부분에 상징적 행위로, 손으로 자신의 목을 강하게 붙잡고 동시에 그의 말을 표현한다. 시인이 예루살렘을 잊어버린다면 맹세할 때 맹세자의 손은 순간 자제력을 잃게 되고 자신의 목을 누르게 된다. 그 결과는 질식을 의미한다. 질식은 시편에서 그의 혀가 입천장에 붙어 질식하는 자에 대한 실제적인 표현을 의미한다."[18)]

---

18) B. Hartberger, "An den Wassern von Babylon … Psalm 137 auf dem Hintergrund von Jeremia 51, der biblischen Edom-Traditionen und babylonischer Originalquellen," *BBB* 63(Frankfurt, 1986), 222.70. 라틴어 본문 W. Dürig, "Die Verwendung," 76 Anm. 17.

그 후 야웨와 예루살렘에 대한 무조건적 연합에 대한 간청을 통해 시편의 두 번째 부분은 언어상으로 명백히 두드러져 보인다. 두 번째 부분에서 시인은 야웨께 – 에돔과 바벨론에 의해 멸시당하고 파괴된 법질서의 공개적 복구를 통해(7–9절) – 그의 입장에서 역사적인 실제로 그의 민족과 도시 예루살렘에 대한 하나님의 함께하심을 증명하기를 호소하고 있다.

다음의 관점들이 시편 137편의 문제를 성찰하기 위해서 중요하다.

(1) 그의 신 중심 사상이 전체(!) 시편의 본질이다. 탄원의 주제는 추방당한 자의 외적인 고난이 아니라, 야웨의 시온과의 관계 단절에 대한 두려움이다. 또는 바벨론 사람들의 권력을 통해서 시온/예루살렘으로부터 야웨 하나님의 진리가 거짓과 위선으로서 명백히 증명되는 두려움이다. 그러므로 두 번째 부분의 영광찬양(Seligpreisung)과 도움의 요청에 관한 주제는 이스라엘의 미래가 아니라 오히려 에돔의 반역과 바벨론의 잔혹함도 최종적인 결말이 될 수 없다는 역사적인 경험이다. 그러므로 이 시편은 "신정론 시편"의 그룹에 속한다. 추후에 당연히 하나님의 합법화가 주제가 아니라 오히려 신앙하며 소망했던 하나님의 진리의 상태와 모순되는 그리고 그런 이유로 하나님의 진리의 모순상태를 받아들일 수 없다는 것이 탄원의 주제이다. '예배 개혁자들'처럼 단지 1–6절을 '기독교적으로' 책임질 수 있는 시편으로서 기도하거나 찬양하기 원하는 자는 이 시편에서 근본적으로 7–9절의 하나님에 대한 호소에 나타나

고 있는 신 중심적 역동성을 수용해야 한다. 우선 7절에서 시편은 언어 문학적으로 하나님에 대한 기도가 되고 있다!

(2) 이 시편 전체는 법의 범주와 법에 대한 사상이 각인되어 있다. 즉흥적인 느낌처럼 증오심과 복수에 대한 비합리성에 의해서 시편이 작성된 것은 아니다. 이미 시편의 첫 부분에 동태복수법(talionisch)으로[19] 구성된 맹세의 표현으로, 야웨에 의해서 실행되고 보호되는 근본적인 법 질서를 간청하고 있다. 그리고 이것은 특히 복잡한 단락인 8-9절에서 다루어지고 있다. 교훈적인 영광찬양(Seligpreisung)의 형태는 정의에 관한 사상(소위 말하는 인과응보: Tun-Ergehen-Zusammenhang)을 불러일으키고 있으며, 이 정의는 개인의 사회적·공동체적 삶을 위한 토대뿐만 아니라 무엇보다도 민족들의 사회적 공동체 삶을 위한 토대가 된다. 세계질서의 분명한 재건이 8-9절의 주제를 이룬다. 만약 오늘날 침략자들과 테러자들에게 대항하는 국제법의 비준(Sanktionen)이 요구되고 성취된다면 이것은 바벨론에게 자제를 요구하는 8-9절의 외침처럼 '복수'와는 거의 관련이 없다.

(3) 이 시편은 포로된 자들의 하나님에 대한 회의와 두려움에 대한 시적 감정의 표현이다. 이 시편은 정치적인 전략으로서 묘사되지만 정확하게는 정치적인 전략으로서 인식되어질 수 없는 묘사임

19) 역자 주-동태복수법(同態復讐法): 무고(誣告) 또는 위증(僞證)으로써 남을 고발한 사람에게 고발당했던 피해자가 받은 처벌과 같은 정도의 형벌을 주는 법제(法制).

을 충분히 보여주고 있다. 정확히 첫 번째 관점에서 우리에게 너무 충격적인 9절의 비유 속에는 먼저 이스라엘의 무력함에 대한 경험이 표현되어 있다. 바벨론 군사력의 잔혹함과 그 잔혹함 뒤에 있는 세계지배에 대한 이데올로기의 관점에서 이스라엘은 이 무력함을 실제적으로 경험하였다. 시편 137:8 이후 이런 폭력의 강력함과 권력의 멸망에 대한 희망이 대조되고 있다.－그러나 단지 이러한 폭력의 우위는 이 경우를 끝으로 마지막이 된다. 이것은 매우 중요하다. 이 시편은 이스라엘과 바벨론의 역할이 쉽게 바뀌는 것을 기도하는 것이 아니다(예를 들면, 이것을 가톨릭교회의 저녁기도의 일부인 초기 교회의 노래[Magnifikat]에서 보여주는 것처럼: 비교. 눅 1:52). 아니, 자신의 폭력을 법으로 포장하여 민족들을 억압하는 권력에 맞서는 진정한 정의를 증명하는 것이 주제이다.－이것은 시편의 신 중심 사상 속에 전체적으로 머물고 있는 주제이기도 하다.

(4) 시편 137편은 정치적인 시편이다. 바벨론에 대한 공포의 전말이 주제를 이루고 있다. 이것은 또한 수도 바벨의 포석(鋪石/Straßenpflaster)에 내쳐지는 바벨의 딸이 낳은 아이들에 관한 묘사의 관점에서 매우 중요하다. “그 아이들”은 왕가의 아이들이다. 다시 말하면 왕조의 아이들이다(비교. 사 7:14-16, 9:1-6). 그 잔인한 묘사는 다음을 의미한다. 이 왕조의 테러는 철두철미하게 (“모조리 뿌리째”) 사라져야만 한다. 시편 137:9에 대한 선택적 번역에 관한 질문을 위해서 우리는 마지막 장에서 몇 가지 생각을 제시할

것이다(비교. 5장).

(5) 올바른 세계질서를 돌보는 하나님을 향한 외침은 시편 137편 시인들의 경우 역사 속에서 경험한 시온/예루살렘/이스라엘에 대한 야웨의 사랑에 대한 기억 속에서 그의 뿌리 내림을 소유하고 있다. 그러므로 시편의 이 열정적인 언어는 열정적인 사랑의 표현이다. 그리고 사실상 사랑하는 사람들에 의해서만 이해되고 체험될 수 있는 것이다. 사랑에 대한 갈망을 줄거리 구성과 혼동하는 사람은 시편 137편을 이해할 수 없다.

6. 시편 44편: 폭력적인 하나님 형상의 변화

많은 시편 안에서 폭력적인 하나님 형상 앞에 이스라엘이 속수무책으로 방치되기 때문에, 이러한 하나님의 형상은 문자적으로 훼손되고 본래의 의미와는 다른 것으로 변형되어 이해되었다. 한편으로 전통적인 주석 방법론에 따라 이런 과정은 통시적(diachron)으로 이스라엘 자체가 폭력의 희생이 되었던 재앙의 경험을 통해 작동되는 역사적이며 점진적인 학습 과정으로 묘사될 수 있다. 다른 한편으로 이 시편들을 공시적(synchron)으로 읽을 수 있기 때문에 사랑의 하나님이 힘없는 자들을 무력하게 폭력자의 폭력에 넘겨주어야만 하고 – 그리고 체념하도록 '자극받는' 무력한 하나님이 된다는 점에서 그들 안에 하나님에 대한 이야기의 복잡함이 반영되어 있다는 사실을 알 수 있다.

하나님 형상에 대한 변화의 본보기는 민족 탄원시인 시편 44편이다. 그 안에는 – 통시적으로 말하면 – 이스라엘이 스스로 경험한 체험을 통한 학습과정을 볼 수 있는 두 개의 본문 층을 인식할 수 있다. 예루살렘의 파괴, 나라의 권력의 상실, 강요되는 외국의 지배, 내부의 싸움과 하나님에 대한 깊은 회의라는 재앙의 경험 속에서 그럼에도 불구하고 이스라엘은 힘을 발견한다. 왜냐하면 바벨론의 신들에게 명백히 굴복한 야웨 하나님을 붙들고 그의 이스라엘에 대한 사랑의 관계를 소망하기 때문이다.

시편 44편(2–9절)의 기본적인 층은 여전히 포로기 이전의 것이며 이스라엘을 위한 전쟁과 승리의 하나님으로서 그의 하나님 되심을 이미 증명했으며 반복해서 증명해야만 하는 하나님으로 이해하고 있다. 시편은 야웨와 이스라엘의 처음 관계에 대한 기억으로 시작하고 있다.

2a 하나님이여 주께서 우리 조상들의 날
2b 곧 옛날에 행하신 일을
2d/3a 그들이 우리에게 일러 주매 우리가 우리 귀로 들었나이다.
3b 주의 손으로 뭇 백성을 내쫓으시고 우리 조상들을 이 땅에 뿌리박게 하시며
3c 당신께서 다른 민족들은 고달프게 하시고 우리 조상들은 번성하게 하셨나이다.

4a 그들이 자기 칼로 땅을 얻어 차지함이 아니요

4b 그들의 팔이 그들을 구원함도 아니라

4c 오직 주의 오른손과 당신의 팔과 주의 얼굴의 빛으로 하셨으니 당신께서 그들을 기뻐하신 까닭이니이다.

여기서 힘에 맞서는 충격적인 묘사는 가나안에서 이스라엘의 기원을 표현하고 있다. 이스라엘을 새로운 식물로 조성하기 위해서 그리고 그를 힘 있게 성장시키기 위해서(비교. 시 80:9-12) 이스라엘의 하나님은 자신의 손으로 숲의 나무를 모두 베어버리는 것처럼 이 땅을 차지하셨다. 이러한 경험은 다음과 같은 간청의 근간이 되고 있다.

5a 당신, 그렇습니다. 당신은 나의 왕, 하나님이십니다:

5b 야곱에게 구원을 베푸소서!

6a 우리가 당신을 의지하여 우리 대적을 누르고

6b 우리를 치러 일어나는 자를 주의 이름으로 밟으리이다.

7a 나는 내 활을 의지하지 아니할 것이라

7b 내 칼이 나를 구원하지 못하리이다.

8a 오직 주께서 우리를 우리 원수들에게서 구원하시고

8b 우리를 미워하는 자로 수치를 당하게 하셨나이다.

하나님의 도움으로 그리고 하나님의 능력 안에서 이 시편의 시인들은 뿔을 가진 황소처럼 그들을 위협하는 원수들을 바닥으로 밀어붙이고 발로 짓밟는다(비교. 신 33:17; 왕상 22:11; 겔 34:21과 특별히 시 60:14). 그리고 최종적인 찬양서약(Lobgelübde)으로 그들의 하나님께 그의 현존을 위한 청원과 그 청원의 성취에 그들이 얼마나 의존적인지를 기억시키고 있다.

9a 우리가 종일 하나님을 자랑하였나이다.
9b 우리는 하나님의 이름에 영원히 감사하리이다.

우리가 알고 있는 것처럼 7세기 말엽 이스라엘이 그의 하나님께 퍼붓는 청원은 역사 속에서 성취되지 않았다. 이미 위대한 종교 개혁자 요시야 왕은 방어전에서 이집트인의 손에 죽음을 당한다(비교. 왕하 22:20). 무엇보다도 이스라엘이 원수들에게 행하기 원했던 것이 주전 587년의 재앙으로 그들 자신에게 들이닥쳤고, 깊은 정체성의 위기와 하나님에 대한 위기에 처하게 되었으며, 이 위기 속에서 다음과 같은 인식을 깊이 성찰하게 된다. 그의 백성과 함께하는 야웨 하나님의 역사는 명백히 권력 행사의 끊임없는 실제화도 아니고, '민족들'의 멸절을 통한 그의 하나님 되심도 아니다. 그것은 최소한 시편 44편의 포로기 이전 기본층에서 새롭게 확장되어 시편 44편에 형성되어 있는 '포로의 위기 상황'으로부터 얻은 인식이다. 그들은 한편으로 재앙의 실재에 서 있었고, 다른 한편으로 이해할 수 없는 하나님에 대한 확고부동한 믿음 속에서 고난을 이겨내기 원했기 때문에 신학적인 통찰에 이르게 되었다.

그들은 객관적인 결과를 확인한다. 권력 있는 하나님에 대한 찬양에도 불구하고 그들은 다음과 같이 경험한다.

10a 그러나 이제는 주께서 우리를 버려 욕을 당하게 하시고
10b 우리 군대와 함께 나아가지 아니하시나이다.

이것은 예언자 이사야가 1세기 반 이전에 성과도 없이 끊임없이 설교한 주제이다. 야웨는 결코 전쟁의 하나님이 아니다. 권력 위에 앉는 모든 것은 우상숭배이다. 이제 이스라엘은 이 진리를 고통스러운 과정 속에서 배워야만 한다.

11a 당신께서 우리를 대적들에게서 돌아서게 하시니
11b 우리를 미워하는 자가 자기를 위하여 탈취하였나이다.
12a 당신께서 우리를 잡아먹힐 양처럼 그들에게 넘겨 주시고
12b 여러 민족 중에 우리를 흩으셨나이다.
13a 주께서 주의 백성을 헐값으로 파심이여
13b 그들을 판 값으로 이익을 얻지 못하셨나이다.
14a 당신께서 우리로 하여금 이웃에게 욕을 당하게 하시니
14b 그들이 우리를 둘러싸고 조소하고 조롱하나이다.
15a 당신께서 우리를 뭇 백성 중에 이야기거리가 되게 하시며
15b 민족 중에서 머리 흔듦을 당하게 하셨나이다.

16a 나의 능욕이 종일 내 앞에 있으며
16b 수치가 내 얼굴을 덮었으니
17a 나를 비방하고 욕하는 소리 때문이요
17b 나의 원수와 나의 복수자 때문이니이다.

본문은 아주 날카롭게 표현하고 있다. "당신, 우리의 하나님이 이것을 행하셨고 여전히 행하고 있습니다!" 이 전체적인 모순은 13절에서 절정에 이른다. 하나님께서 자기 백성을 헐값으로 팔아 치우셨다. 그는 이 '거래'에서 한 번도 노력하지 않았다. 실제로 그의 백성은 하나님께 더는 아무런 가치가 없는 것일까? 그 스스로 무가치한 것일까? 사람과 동물들의 양식으로 양들을 어느 곳에서든지 헐값으로 팔아치우는 행위는 자신의 양들을 잘 보살피는 목자에게 무엇을 의미하는 것일까?(비교. 시 23:1, 80:2)

그러나 이 시편의 시인들은 탄원과 고발에 머물지 않는다. 다음의 단락에서(18-23절) 그들은 이러한 고난을 더 깊이 탐구하며 규명하고 있다. 그들은 신명기 사가의 죄와 벌의 신학을 수용하지 않는다. 그들의 관점은 과거에 머무는 것이 아니다. 그들에게서 재앙은 오히려 그들이 지금 취하기 원하는 적극적인 도전이다.

18a 이 모든 일이 우리에게 임하였으나 우리가 당신을 잊지 아니하며
18b 당신의 언약을 어기지 아니하였나이다.
19a 우리의 마음은 위축되지 아니하고

19b 우리 걸음도 당신의 길을 떠나지 아니하였으나
20a 당신께서 우리를 승냥이의 처소에 밀어 넣으시고
20b 우리를 사망의 그늘로 덮으셨나이다.

그들은 그들의 생각(19a절)과 행위(19b절) 또한 실제적인 황폐(20a절: "승냥이의 처소")와 그들을 사망의 그늘로 덮은 하나님의 흑암(20b절) 속에서 하나님을 부여잡기 원한다. 그래서 그들은 이스라엘 존재에 대한 가장 심오하며 동시에 가장 고통스러운 표현까지 서슴치 않고 있다.

21a 우리가 우리 하나님의 이름을 잊어버렸거나
21b 우리 손을 이방 신에게 향하여 폈더면
22a 하나님이 이를 알아내지 아니하셨으리이까?
22b 무릇 주는 마음의 비밀을 아시나이다.
23a 우리가 종일 주를 위하여 죽임을 당하게 되며
23b 도살할 양 같이 여김을 받았나이다.

이스라엘은 예언자적인 열정 속에서 그들의 정체성을 하나님과의 계약 속에서 찾기 때문에 그들은 도살할 가축이 되었다(비교. 비슷하게 시 69:8; 렘 15:15; 사 53:7). 이스라엘이 야웨 백성으로서 선택되었기 때문에, 그가 하나님 되심을 그들에게 계시하기 원하기 때문에 이스라엘은 고난 당해야만 한다. 그들은 야웨가 권력과 승리의 편에 서지 않고, 오히려 연약한 자와 고통당하는 자의 편에 선다는 사실을 몸소 체험해야만 한다. 고난을 견디어 내고 동시에 '하나님'을 잊지 않으려는 결연함 속에서, 더욱이 그들의 하나님 '때문에' 겪는 고난 속에서, 시편이 보여주듯이 이스라엘은 포로기 이전의 시편을 넘어서 새로운 하나님의 진리의 증인이 될 것이며 될 수 있다. 물론 이 상황에서 하나님의 백성은 고난이 하나님의 멀리 계심이 아니라 오히려 하나님의 가까이 계심이라는 확신을 필요로 하고 있다. 그러므로 시편은 최종적으로 하나님에 의한 도움과 회복을 위해 탄원하며 외치고 있다.

24a 주여 깨소서! 어찌하여 주무시나이까?
24b 일어나소서! 우리를 영원히 버리지 마소서!
25a 어찌하여 주의 얼굴을 가리시고
25b 우리의 고난과 압제를 잊으시나이까?
26a 우리 영혼은 진토 속에 파묻히고
26b 우리 몸은 땅에 붙었나이다.
27a 일어나 우리를 도우소서,
27b 주의 인자하심으로 말미암아 우리를 구원하소서!

이방인에 의한 지배와 죽음의 고난으로부터 해방되는 출애굽에 대한 암시를 통해서 이 시편은 야웨와 그의 백성 사이의 소원(疏遠/Entfremdung)을 회복하기 위해 기도하고 있다. 그 탄원은 더는 전능하신 하나님을 찾는 것이 아니라 모든 사람에게 자비로운 하나님을 찾는 외침이다. 열정적인 '왜' 또는 '무엇을 위한'–질문(Warum-bzw. Wozu-Frage)으로부터 격앙되며, 어리석은 행위와 고난의 밤에 거기 계시고 거기 머물고 있는 하나님의 임재하심을 호소하는 외침이다. 이러한 외침은 당연히 탄원과 간청으로서 이스라엘의 기원 시기에 형성되고 여기서 다시 작동되고 있는 초기의 관계로부터 발생하고 있다. 야웨는 고난을 알고, 그들과 함께 고난에 동참하기 원하는 출애굽의 하나님으로 증명되기 원한다. 격정적인 질문, "왜 당신의 얼굴을 숨기십니까?"는 중요한 질문이다. 왜냐하면 이 질문은 이스라엘의 하나님과 고난 당하는 자들의 파괴된 관계로부터 떠오르는 질문이기 때문이며, 출애굽기 3:14가 중요하게 다루고 있는 약속에서 발생되기 때문이다. 그는 열방의 신들과 다른 존재이며 비록 이스라엘이 원하든 원하지 않든, 이스라엘을 향하여 "나는 스스로 있는 자이니라"라고 말씀하고 있다!

7. 시편 109편: 그들은 이유 없이 나와 싸웁니다 – 그러나 나는 기도합니다

1a 지휘자를 따라 부르는 다윗의 노래

1b 내가 찬양하는 하나님이여 잠잠하지 마옵소서!

2a 그들이 악한 입과 거짓된 입을 열어 나를 치며,
2b 속이는 혀로 내게 말하며,
3a 또 미워하는 말로 나를 두르고
3b 까닭 없이 나를 공격하였음이니이다.
4a 나는 사랑하나 그들은 도리어 나를 대적하니
4b —나는 기도할 뿐이라!
5a 그들이 악으로 나의 선을 갚으며,
5b 미워함으로 나의 사랑을 갚았음이니이다.

6a (그들은 말합니다.) "악인이 그를 다스리게 하시며,
6b 사탄이 그의 오른쪽에 서게 하소서.
7a 그가 심판을 받을 때에 죄인이 되어 나오게 하시며,
7b 그의 기도가 죄로 변하게 하소서.
8a 그의 연수를 짧게 하시며
8b 그의 직분을 타인이 빼앗게 하소서!
9a 그의 자녀는 고아가 되고
9b 그의 아내는 과부가 되어야 합니다.
10a 그의 자녀들은 유리하며 구걸하고,
10b 그들의 황폐한 집을 떠나 빌어먹게 하소서!
11a 고리대금하는 자가 그의 소유를 다 빼앗게 하시며,
11b 그가 수고한 것을 낯선 사람이 탈취하게 하소서.
12a 그에게 인애를 베풀 자가 없게 하시며,

12b 그의 고아에게 은혜를 베풀 자도 없게 하소서.

13a 그의 자손이 끊어지게 하시며,

13b 후대에 그들의 이름이 지워지게 하소서!

14a 여호와는 그의 조상들의 죄악을 기억하시며,

14b 그의 어머니의 죄를 지워 버리지 마시고:

15a 그 죄악을 항상 여호와 앞에 있게 하사,

15b 그들의 기억을 땅에서 끊으소서!

16a 그가 인자를 베풀 일을 생각하지 아니하고,

16b 가난하고 궁핍한 자를 핍박하고,

16c 마음이 상한 자를 죽이려 하였기 때문이니이다!

17a 그가 저주하기를 좋아하더니 – 그것이 자기에게 임하고!

17b 축복하기를 기뻐하지 아니하더니 – 복이 그를 멀리 떠났으며!

18a 저주하기를 옷 입듯 하더니,

18b 저주가 물같이 그의 몸속으로 들어가며,

18c 기름같이 그의 뼈 속으로 들어갔나이다.

19a 저주가 그에게는 입는 옷 같고

19b 항상 띠는 띠와 같게 하소서!"

20a 이는 나의 대적들이 여호와께 나에 대하여 저주한 것이며,

20b 악인들이 내 영혼을 대적하여 말합니다.

21a 그러나 당신 여호와여 주여,

21b 주의 이름으로 말미암아 나를 선대하소서.

21c 주의 인자하심이 선하시오니 나를 건지소서!

22a 나는 가난하고 궁핍하여

22b 나의 마음 중심이 상함이니이다.

23a 나는 석양 그림자 같이 지나가고,

23b 또 메뚜기같이 불려 가오리라.

24a 금식하므로 내 무릎이 흔들리고,

24b 내 육체는 수척하옵니다.

25a 나는 또 그들의 비방거리라,

25b 그들이 나를 보면 머리를 흔드나이다.

26a 여호와 나의 하나님이여,

26b 나를 도우시며 주의 인자하심을 따라 나를 구원하소서.

27a 이것이 주의 손이 하신 일인 줄을 그들이 알게 하시며,

27b 주 여호와께서 이를 행하셨나이다.

28a 그들은 내게 저주하여도 주는 내게 복을 주소서,

28b 그들은 일어날 때에 수치를 당할지라도 주의 종은 즐거워하리이다.

29a 나의 대적들이 욕을 옷 입듯 하게 하시며,

29b 자기 수치를 겉옷같이 입게 하소서.

30a 내가 입으로 여호와께 크게 감사하며

30b 많은 사람 중에서 찬송하리니,

31a 그가 궁핍한 자의 오른쪽에 서사,

31b 그의 영혼을 심판하려 하는 자들에게서 구원하실 것임이로다!

이 시편은 성무일도의 개혁자들에 의해 전체적으로 가위질당하

는 희생을 치렀다. 1세기 동안 교회의 예배에서 이 시편에게 행한 오용을 생각하면 우리는 다음과 같이 말하게 된다. "하나님 왜 이런 일이!"

동시에 나는 이중적인 오용을 생각해보려고 한다. 하나의 오용은 반유대적인 사용이다. 이것은 이미 근본적으로 신약성서에서 시작하고 있다. 신약성서의 반유대적 논쟁에서 발견되는 가룟 유다의 모습은 가룟 유다에 대한 '예언'으로 읽는 시편 109:8b의 '성취'로 본다. 이 '예언'이 표현해주고 있는 것처럼 신약성서에서 가룟 유다는 괴롭힘을 당하며 저주를 받고 있다.

> "이때에 베드로는 사람들이 모였을 때 – 약 120명이 함께 왔다. – 나서서 말하고 있습니다. 형제들이여! 성령께서 다윗의 입을 통하여 유다에 관해서 이전에 말씀하신 말씀이 성취되어야만 했습니다. 유다는 예수를 잡는 원흉이 되었습니다. 그는 우리에게 속하였고 동일한 사역을 감당했습니다. 범행을 위한 대가로 그는 밭을 샀습니다.(이 사람이 불의의 삯으로 밭을 사고 후에 몸이 곤두박질하여 배가 터져 창자가 다 흘러나온지라 이 일이 예루살렘에 사는 모든 사람에게 알리어져 그들의 말로는 그 밭을 아겔다마라 하니 이는 피밭이라는 뜻이라) 시편이 기록하고 있습니다. 그의 거처를 황폐하게 하시며 거기 거하는 자가 없게 하소서!(비교. 시 69:26) 또 일렀으되 그의 직분을 타인이 취하게 하소서 하였도다!"(비교. 시 109:8)(행 1:1–20)

누가의 베드로를 통한 시편 109편의 사용은 이 시편 전체를 유다와 관련하여 읽는 열심이 많은 교회의 모방자들(특별히 아타나시우스와 아우구스티누스)을 만들어냈다. 이들 때문에 이 시편의 경우 "가룟의 시편"이라고 슬며시 표시되었다. 이미 일찍이 '유다'는 '유대인'에 대한 전형(Prototyp)이 되었다. 그래서 사람들은 시편 109편을 가지고 다윗의 예언의 이름으로 유대인을 저주하며 모욕하였다. 그리고 사람들은 유대인 박해에 대한 하나님의 합법화로서 시편 109편을 통해 드물지 않게 '기도했다.'

시편 109편의 다른 오용은 기독교의 형제와 자매들 안에서도 이루어졌다. 자칭 혹은 실제적인 원수를 향해 이 시편을 "죽음의 기도"를 사용하므로 시편의 본질을 오용하였다.[20] 그들은 신의 도움을 통해서 마술적인 성례 의식으로 살아 있는 자를 죽음의 저편으로 쫓아내기 위해, 민속적 예배의식(Liturgie)에서[많은 보수를 받고!] 살아 있는 자에 대한 장례미사(Totenmessen)를 드리는 것처럼 성서를 특별히 시편을 마술적인 도구로 사용하였다. 성서 사본들은 다양한 상황을 가지고 개별적인 시편 사용의 자세한 범주들을 제시하고 있다. 죽음을 위한 기도로 시편 109편의 폭넓은 전파에 관하여 우리는 무엇보다도 1708년 헬름스테트 대학의(Universität zu Helmstedt)[1735년 괴팅엔 대학이 그 대학의 근처에 건립되었을 때, 이 대학은 최종적으로 문을 닫아야만 했다.] 요한 프리드리

20) 비교. W. Dürig, "Die Verwendung des sogenannten Fluchpsalms, 108(109) im Volksglauben und in der Litugie," *MThZ* 27(1976), 71-84.

히 하이네에 의해서 제출된 박사 논문을 통해서 알 수 있다. 그는 다음과 같이 쓰고 있다.

> "복음의 환한 빛이 모든 사람의 눈에 비추어지는 우리시대에 불신앙 속에 있는 사람이 존재한다는 것을 깊이 탄식할 수 있다. … 많은 사람들은 이 시편을 통해서 일 년 내내 그리고 새로운 날 아침과 저녁에 중단하지 않고 기도해야 한다고 믿는다. … 그러나 이러한 저주(Verwünschung)가 한번 중단되면, 사람들은 원수의 머리는 이러한 저주를 만나지 않고 오히려 시인의 머리 위에 이 저주가 내릴 것이라고 믿는다. 원수들은 시편을 읽어도 아무것도 알 수 없다. 또한 사람들은 거리에서 그에게 인사를 건네서는 안 되며 또는 그로부터 인사를 받아서도 안 된다. 그리고 그 밖에 이치에 어긋나는 이방인들의 불신앙에 의해 형성된 관습(Gepflogenheit)을 행해서도 안 된다."[21)]

하이네는 또한, 시 행정당국의 조언에 분노한 막데부룩(Magdeburger)의 한 성직자가 자신을 싫어하는 시 행정당국에 대항하여 그의 설교를 시편 109편으로 시작하고 109편으로 끝내는 사건에 관하여 보고하고 있다. 사람들이 그에게 이러한 악습을 폐지해야 한다고 요구했을 때, 그는 이 시편을 더욱 '현실화'하여 확대시킬

21) W. Dürig, "Die Verwendung," 77에서 인용하고 있다.

것이라고 위협했다. 시편 109편의 이러한 기독교적 오용에 관해서 우리는 또한 루터와(이 시편을 통해 모리츠 공작[Herzog Moritz]의 죽음을 기도하는) 칼빈의 저술을 통해서 잘 알고 있다. 칼빈은 시편 109편에 대한 그의 주석서에서 다음과 같이 말하고 있다.

> "수도사들, 특별히 프란체스코파의 수도사들의 이 시편을 통해서 신성을 모독한 독신행위(Sakrileg)는 더욱더 저주를 받아야 한다. 멸망하기 원하는 불구대천의 원수(Todfeind)를 가지고 있는 자가 악당 중의 하나를 매수해서 날마다 이 시편을 낭독한다는 것은 결코 비밀스러운 일이 아니다. 프랑스에서 학식 있는 한 여자가 프란체스코파의 수도사들을 고용하여 그의 유일한 아들을 이러한 방식으로 저주한 것을 나는 알고 있다."[22]

시편 109편을 원수들의 죽음을 사주하는 데 사용한 흔적은 바이에른, 스웨덴 그리고 스위스에서 19세기까지 증명될 수 있다. 이러한 오용은 한편으로 시편의 표현들 대부분을 잘못 이해함으로 발생한다. 이 문제를 다룰 적절한 동인(Aufhänger)[그의 해결책이 아닌!]이 시편의 표현들 속에 내재되어 있다. 우리는 이 문제점을 이 시편을 통해서 기도할 수 있는지, 또 어떻게 기도해야 하는지 묻는 질문과 **함께** 반드시 고민해야 한다. 그리고 다른 한편으로 죽음을

22) 라틴어 본문 W. Dürig, "Die Verwendung," 76 Anm. 17.

사주하는 이러한 기도가 같은 시편의 다른 많은 표현을 위협할 뿐만 아니라 시편의 전반적 의미를 깨뜨리고 있다는 것을 간과할 수 없다.

만약 우리가 시편을 다룬다면 이러한 전체적인 의미가 가장 중요하다. "유대교적인" 시편들에서 항상 그 시편 안에 있는 "하층 기독교적"(unterchristlich) 표현들을 찾고 발견하려는 안경을 끼고 읽는 사람은 당연히 시편 109편에서 이런 일을 자행한다. 스테르크(W. Stärk)는 『구약성서의 책들』(*Die Schriften des Alten Testaments*) 시리즈에서 시편 109편에 관한 그의 견해를 요약하고 있다.

> "우리가 이 시편의 중간 부분 6-20절을 지울 수 있다면 몸과 영혼이 고통당할 때 엄숙한 경건에서 기인된 하나님께 올려 보내는 가장 섬세한 기도의 한 부분을 갖게 된다. 그러나 경건한 자의 기도는 그 구절(6-20절)에서 추적자에게 저항하는 잔혹한 저주를 통해 비도덕적인 보복 속으로 깊숙이 침몰한다. 이것이 이 시편에 그 색채를 부여하고 있다. 그것은 온전한 저주시편이고 그것 이외에 어느 것도 되기 원하지 않는다. 이것을 인식하는 것이 구약성서의 종교적 시문학이 산출한 불쾌함에 대한 학문적인 연구의 의무이다. 신적인 에너지가 마치 하나님과 관련된 모든 사람의 저주와 축복 속에서처럼 그 안에(시 109:6-20) 존재하는 것으로 이해할 수 있기 때문에, 만약에 우리가 관례적인 가치와 정신적인 힘으로 이러한 저주가 신약성서의 정신(Geiste)이 아니라고 이해한다면, 만약 우리가 6절 이후를 사

실 경건한 자를 괴롭히는 자들이 그들을 대항하여 언급하고 있는 저주로 이해하는 어리석은 정보를 취한다면 그것은 이런 저주를 사악하게 적당히 얼버무리는 것이다."[23]

스테르크(W. Stärk)는 시편 109:6-20을 시인에 대항하여 던져진 저주와 위협에 관한 인용으로 이해하는 것을 거부하고 있다. 그러므로 알폰스 다이스러(Alfons Deissler)는 스테르크의 해석을 올바른 것으로 간주하지 않으며, 그는 그의 시편 주석에서 시편 109편에 대한 많은 의구심을 표출하고 있다.

"우리의 시편 109편은 소위 말하는 '저주시편' 중에서 가장 큰 불쾌감을 유발하는 본보기이다. … 원수 사랑에 대한 예수님의 말씀과-정의와 연민에 관한 옛 계약의 명령은 예수님이 말씀하시는 사랑의 의무 속에 나타나 있다.-그리고 십자가상에서 이에 상응하는 모습은 시편 109편을 문자적인 의미 속에서 기독교인의 기도로 수용하는 것을 허락하지 않는다. 로마서 12:17-21 또한 명백히 그것에 반대하고 있다. 6-20절은 '죄와 사탄에 대한 거부'의 측면이 강하게 느껴진다. 그러므로 기독교인의 시편에서 그 부분을 삭제하는 것이 가장 바람직하다고 볼 수 있다. 베드로를 통한 8절의 사용(행 1:20)은 이 부분을 수용하기 위한 어떠한 합법화(Instanz)도 제시할 수 없다.

23) W. Stärk, *Lyrik*(*Psalmen, Hoheslied und Verwandtes*)(Göttingen, 1911), 196.

… 이와는 달리 탄원과 청원 그리고 간청을 들어주심에 대한 확신에 찬 고백(1-5, 21-31절)을 통해서 그것을 다룰 수 있다. 이것은 인류 역사상 모든 잘못된 소송자들 중에서 가장 죄가 없으신 예수님의 말씀과 잘 조화를 이룬다. 정말로 이것은 하나님의 새언약 백성을 미래에도 계속해서 미움을 받는 자 '그리스도'로서(비교. 요 15:18ff.) 기도할 수 있다."[24]

변증을 위한 이유에서가 아니라 주석을 위한 이유에서 나 자신은 소위 말하는 인용-가설(Zitat-Hypothese)을 실제로 불쾌감을 유발시키는 6-19절의 저주-시리즈에 대한 객관적인 해석으로 간주한다. 시인이 6-19절에서 그 자신에게 향하고 있는 원수들의 저주 간청(시인의 멸망을 기원하는)을 매우 자세하게 인용하고 있는 현상은 시편 기도의 역동성 속에서 이중적인 기능을 가진다. 이러한 언어들을 통해서 한편으로는 시인의 절망과 무력함이 입체적이며 드라마처럼 표현되고 있다. 이것은 죽음의 구름처럼 시인을 덮고 있는 정신적·사회적 테러가 단계적으로 증가하는 것을 의미한다. 문자적인 인용을 —"그 자신의 이름 때문에"(21절) 야웨께서 중지시켜야만 하는 고난과 절박감의 증거로서— 시인은 그의 하나님께 내밀고 있다. 다른 한편으로 인간을 멸시하고 하나님을 모독하는 원수의 언어들이 동시에 시인의 언어들과(1-5, 21-31절) 문학

24) A. Deissler, *Die Psalmen. III. Teil*(Ps 90-150)(Düsseldorf, 1965), 89f.

적·신학적 대조를 이루고 있다. 여기서 두 세계가 서로 평행을 이루는 것처럼 이것은 완전한 예술이다. 이것은 기도이며 정치적 시이다(비교. IV장 4).

특히 다음과 같은 세심한 관찰과 고찰의 내용은 인용-가설(Zitat-Hypothese)에 관해서 말해주고 있다. 이 관찰과 고찰의 설득력은 서로 밀접하게 묶여 있다.

(1) 시인의 원수들이 시인에게 저주 내리기 원하는 것, 다시 말하면 저주하는 것은 28a절에 자세하게 나타나 있다.

(2) 시인의 복수심은 삭제되지 않고 28b-29절에 표현되어 있다. 그것은 6-19절에 나타나 있는 저주와 비교하면 해롭지 않다. 그 복수심은 원수들의 폭력적 그물이 찢어지는 것이 목적이며 그 복수심은 "노출되어야만" 하고 원수들은 그들의 전체적인 행위 때문에 부끄러워야만 한다. 양쪽에 나타난 "저주에 대한 구절들"의 언어와 모티브 차이는 오히려 여기 시적인 희곡작법(Dramaturgie) 안에서 다양한 화자가 대화하고 있는 것이라 설명될 수 있다.

(3) 1-5절과 21-31절에서 시인은 항상 원수들을 의식하고 있다(복수적인 구성). 6-19절에서 멸절에 대한 기원은 그와 반대로 한 개인을 다루고 있다(단수적인 구성). 이것은 6-19절에서 원수들이 시편의 시인(개인)에 대하여 표현되고 있는 반면, 1-5절과 21-31절에는 시인이 그의 원수들에 대하여 탄원하고 있다고 해석하는 것이 가장 그럴 듯하다.

(4) 탄원시편과 청원시편이 원수들과 무법자들의 말을 특히 그

들의 오만함과 잔인함을 입체적으로 표현하기 위해 문자적 인용 형태를 취하는 것은 여러 부분에서 나타나고 있다(비교. 시 3:3, 10:4, 6, 11, 13, 12:5, 13:5, 14:1).

(5) 인용-가설과는 반대로 이 시편 자체가 인용으로 시작되는 어떤 형식도 취하고 있지 않다는 사실(나는 위의 번역에서 명확하게 삽입하고 있다.)은 적절한 것으로 간주될 수 없다. 이론의 여지없이 직접적인 대화는 시편에서 자주 인용되고 있다(예를 들면, 시 2:3, 14:4, 22:9, 28:7, 30:10f., 32:8, 46:11, 50:7).

(6) 20절은 6-19절을 적대자의 대화로서 요약하며 야웨를 향한 시인의 도움을 구하는 열정적 외침을 테마로 옮기고 있는 중세사본의 간행요목(Kolophon)의 하나이다("서명"). 만약 6-19절을 그의 원수들을 증오하는 **시인의 언어**로 읽어야 한다면, 21절의 새로운 문장은 아주 특이하다.

무엇보다도 인용-가설은 이 시편의 전체적인 상황에서 적합한 것으로 밝혀진다. **추적당하는 자 그리고 적대시되는 자로서 단순하게** 묘사되는 한 인간이 도움을 구하는 외침이다. 그가 죄 없이 그리고 방어력 없이 희생될 죽음의 위협은 다양한 영역에서 전개되고 있다(여기에는 시편의 형성과정이 파악되어야 하는 문제가 남아 있다.). 명백한 비방과 적들의 위협, 부패한 사법당국과 연루됨(Verwicklung), 부와 권력에 의한 사회 경제의 붕괴 등 이 모든 것을 그는 그와 그의 가정을 파괴시키는 인간의 거짓과 증오로 느끼고 있다. 그는 이런 외부의 고난이 동일한 방법으로 극복되는 것을 **원한다고 할 수 있다**. 그는 복을 주시는 인애의 하나님께 — 원수들에게 이유 없이 괴롭힘 당하고 레위기 19장에서 요구하는 사랑을 실현하는 그를 구원해 달라고 호소하고 있다(비교. 레 19:17f.에 대한 5절의 탄원). 그는 이 외침으로 사탄의 폭력집단을 부수고 있다. "그들은 나의 사랑에도 원수가 되었습니다. — 그러나 나는 기도합니다!" 이러한 기도는 시편의 본질이다! 시편은 야웨께서 가난한 자를 구원하고 출애굽의 하나님으로 스스로를 계시하기 위해서 "가난한 자의 편에서" 일하기를 기도하고 있다. 이 시편이 정말 기독교인을 위한 기도로 허용될 수 없는 것인가?

IV. 원수시편과 복수시편의 해석학을 위해서

여기서 우리는 극도의 불쾌감을 유발시키는 원수시편과 복수시편을 수용하기 위한 근본주의적인 변호를 주제로 다루지 않는다. 왜냐하면 시편은 '하나님의 말씀'이며 '계시'이기 때문이다. 오히려 시편은 우리에게 지금까지 주저 없이 사용한 그들의 모든 어법을, 성서는 '하나님의 말씀'이므로 믿음의 순종 속에서 수용하며 근거와 배경을 묻고, 차별화할 것을 요청하고 있다. 시편 본문이 유발시키는 불쾌감을 다루지 않거나 다룰 수 없었던 것을 변호하려는 것이 아니다. 그리고 이러한 본문과 그 안에 언급되고 있는 신학과 인간학을 우리 교회와 개인기도 중심에 자리매김하려는 것도 아니다. 우리는 너무 자주 우리의 생명력과 기독교 전통의 비신학적 인습으로부터 출발하여 이 시편을 듣는다. 그렇기 때문에 우리에게 오해가 발생할 수 있다. 그러므로 시편이 발생한 신학적 범위를 다루고 이를 통해서 우리에게 발생하는 오해를 제거하는 것이 우리의 관심사이며 주제이다. 시편을 성서 인물들의 신뢰할 만한 기도로 이해하도록 만들어야 한다. 이를 통해서 시편을 기독교 기도 문화와 관련되어 제시되는 질의(Anfrage)로서뿐만 아니라 진정한 유익으로서 파악하는 것이 우리의 주제가 된다. 이것의 구체적 의미는 이 책 맨 뒷부분(V)에서 해석될 것이다.

1. "… 산 자와 죽은 자를 심판하시러"

이것은 우리가 하나님에 관하여 말하는 가장 중요한 문장이다. 그에게 세상과 역사가 속한다는 것과 그가 역사의 '심판관'으로 역사에 대하여 최종적으로 말한다는 뜻이다. 동시에 이것은 대부분 오해를 불러일으켰던 문장이다. 또한 기독론적으로 제한할 수 있는 것인지(기독교의 사도신경에서처럼: "그는 전능하신 아버지 하나님의 오른편에 앉아 계시고, 거기로부터 산 자와 죽은 자를 심판하시기 위해 오실 것입니다.") 또는 더욱 강하게 신 중심적으로 인식해야 하는지에 관해서 여전히 생각해야 하는 문장이다. 이 문장이 일으킨 오해는 다시금 심판관과 징벌자(Rächer)인 하나님에 대한 '성서의' 표현에 대한 적절한 이해를 방해한다. 최후심판의 신조(Glaubensartikels)가 왜곡됨은 최후심판에 관한 많은 해석에서 그리고 기독교적인 기도에서 찾아볼 수 있다. 최후 심판과 기독교적 기도의 구조적 잔인함은 성서 시편의 폭력적 관점을 넘어선다.

요셉 라찡어는 전통적인 기독교에 대한 오해를 그의 『기독교 안내서』(*Einführung in das Christentum*)에서 잘 설명하고 있다.

> "법정 강령(Artikel)이 기독교 의식 속에서 잠정적으로, 또한 실질적으로 온전한 구원을 위한 신앙과 은혜의 약속 파기로 안내하는 형태로 발전하였다는 사실을 부인할 수 없다. 예로서 우리는 언제나 다시 '주여 지금 오소서'(Maranatha)와 '이 세상'(Dies irae)에 대한 철저한 부인을 지적할 수 있다. 원시 기독교는 기도의 외침 '주님, 오시옵소서!'를 가지고 예수의 재림(Wiederkunkft)을 모든 소망과 기쁨의 사건으로서 해석하고 있으며, 그 위대한 성취의 시점에 이르기까지 그를 향한 갈망으로 쭉 이어져 있다. 그와는 달리 중세 기독교의 경우 그것은 소름끼치는 '분노의 날'('이 세상' Dies irae)로서 아픔과 충격 속에 사는 인간이 그 시간이 지나가기를 바라고, 걱정과 두려움을 가지고 바라보는 순간으로 나타나고 있다. 그리스도의 재림은 사람을 위협하는 커다란 재판의 날이며 심판의 날이다. 이러한 관점에서 최종적인 것은 잊혀진다. 기독교는 실제로 도덕주의로 단순화되었고 그 결과 실질적 삶의 표시가 되는 소망과 기쁨의 호흡을 강탈당했다."[1)]

1) J. Ratzinger, *Einführung in das Christentum*(München, 1968), 271.

하나님이 주시는 고통을 저항 없이 감수하게 하는 파괴성이 거짓 기독교의 지옥에 대한 공포와 두려움 속에서, 지금까지 근본주의적이고 권위적인 가톨릭 교리와 파티마(Fatima)의 마리아 묵시록(Marienapokalytik) 속에서 지속적으로 영향을 미치고 있다. 그러므로 사람들을 두렵게 하며 노이로제에 걸리게 한다. 여기서 하나님의 심판을 다루고 그 심판에 대하여 탄원하고 있는 시편에 대한 기독교의 불확신(Vorbehalten)과 편견이 각인된다. 시편에서는 심판에서 무엇보다도 불의를 당한 자들을 위한 정의가 주제가 된다. 그리고 이 심판의 경우 모든 것이 다시 '정의롭게' 된다는 것이 주제가 되는데, 더욱이 범죄자가 그의 부당한 행위에 직면하여, 그들의 돌이킴(Umkehr)을 통해 의로운 자에게 명예를 회복시킨다. 그러나 우리는 이것을 기독교 정신에서 쫓아내고 있다.

그러므로 공평과 정의를 향한 외침으로서 그리고 종교의 허위적 운명론(Fatalismus)과 광신주의(Fanatismus)에 대항하는 소망의 신호로서 복수시편과 원수시편에 있는 심판의 측면을 인식하는 것과 그것을 근본적으로 긍정하는 것은 우리에게 어렵게 느껴진다. 심판에 대한 이야기에 어떤 소망의 가능성이 꽂혀 있는지, 그리고 모순과 인간의 품위가 발로 밟히는 인간의 품위를 인정받기 위해서 어떤 힘이 여전히 인간에게 필요한지 뷔쯔부륵의 교회협의회(Synode)는 다음과 같이 위대한 "희망의 고백"을 표현하고 있다.

"만약 인자가 다시 오신다면 이 세상과 정의에 대한 하나님의 최후

심판을 기대하는 기독교의 소망이 죽은 자의 부활에 대한 희망과 깊이 관련된다. 하나님의 심판에 대한 소식이 우리의 소망에 대한 표현으로서 묘사될 수 있을까? 확실히 그 소식은 우리가 '구원'과 관련하여 갖게 되는 우리 자신의 발전과 조화에 대한 환상과 상치된다.

그러나 그 안에 기독교 복음의 가능성이 표현되어 있다. 다시 말하면 획일적인 평등주의(Gleichmacherei)를 초래하는 것이 아니라 오히려 인간의 평등을 하나님 앞에서, 즉 그들의 실제적인 삶의 책임감 안에서 강조한다. 그러나 불의에 고통당하는 모든 사람에게 희망을 약속하는 모든 인간의 평등에 대한 특별한 기독교의 사상, 이러한 기독교 평등사상은 모두를 위한 정의를 근거로 한다. 그렇기 때문에 모두를 위한 정의의 역사적인 투쟁에 대한 관심을 마비시키지 않고, 오히려 점점 새롭게 이러한 정의를 향한 책임 의식을 고양시킨다. 우리가 그의 심판 앞에서 어떻게 존속할 수 있을까?

이 심판의 소식이 작은 자와 방어력이 없는 자 앞에서 비록 강한 설득력이 있지만 이 땅의 권력자 앞에서 너무 미약하고 자의반 타의반으로 선포되었기 때문에 교회에서 하나님의 최후심판에 대한 구원의 의미를 스스로 종종 어둡게 하지 않았는가? 우리가 희망을 이야기한다면 무엇보다도 '위정자들과 왕들' 앞에서(비교. 마 10:18) 용기가 있어야 한다는 사실들은 명백하다! 그러고 나서 내용 전체적인 위로와 격려의 능력이 나타난다. 정의를 다스리는 하나님의 능력과 관련해서 정의에 대한 우리의 갈망이 죽음에 좌초되는 것을 말하는 것이 아니라 사랑처럼 정의 역시 죽음보다 더욱 강한 것을 이야기하고 있다. 최종적으로 정의를 다스리는 하나님의 능력에 관해서 다음과 같이 이야기하고 있다. 하나님의 능력은 우리 양심을 지배하는 죽음을 몰아내고, 지배자의 다스림과 종들의 예속(Knechtschaft)은 죽음으로 결코 해결할 수 없다는 사실을 보여주고 있다. 이것이 우리의 희망을 위한 언어로 존재할 수는 없을까? 이러한 정의를 책임지는 우리를 자유하게 할 어떠한 적절한 언어도 존재할 수는 없는 것인가? 아니면 존재하는 것일까? 우리를 불의의 흉악한 관계에 굴하지 않게 할 수 있는 어떠한 격려도 존재하지 않는 것일까? 만약 우리가 우리의 희망을 부끄러워하지 않는다면 우리에게 불의와의 협상을 금지시킬 수 있는 기준이 존재하지 않을까? 항상 그것에 대항하는 외침에 분명하게 약속할 수 있는 기준이 존재하지 않을까?"[2)]

심판자로서 정의를 실행하고 재건하는 하나님에 대한 신앙이 이스라엘에서 '악인'과 '의인' 사이의 경계선을 표시하는 것으로 이미 시편에서 나타나고 있다. '악인'은 그들의 일상에서 폭력의 많은 술책을 가지고 특별히 '가난한 자들과 고난 당하는 자들'을 위협하고 파괴시킨다. 왜냐하면 그들은 약한 자와 소외당하는 자(Marginalisierten)를 돌보는 심판자로서 하나님에 대한 사고에 관해서 비웃기 때문이다. 그것은 악인이 그들의 입에 담고 있는 하나님을 모독하는 말 속에 표현되고 있다.

---

2) "Unsere Hoffnung," I.4.

악인은 그의 교만한 얼굴로 말합니다. "그가 이를 감찰하지 아니하신다! 하나님이 없다!"
그가 그의 마음속으로 말합니다. "하나님이 잊으셨다! 그의 얼굴을 가리셨으니 영원히 보지 아니하시리라!"
악인이 하나님을 멸시하여, 그의 마음속으로 말합니다. "주는 감찰하지 아니하신다"(시 10:4, 11, 13).

어리석은 자는 그의 마음속으로 말합니다.
"하나님이 없다"(시 14:2=53:2).

(나의 원수들이) 말합니다. "하나님이 그를 버리셨다!
따라 잡으라 건질 자가 없다!"(시 71: 11)

그들이 말합니다. "하나님이 무엇을 알랴? 지존자에게 지식이 있으랴?"(시 73: 11)

도움과 복수를 외치는 시편에서 시인의 지혜로운 아량을 또는 그의 '이웃사랑'을 통해서 해결될 수 있는 크고 작은 논쟁이 그 주제를 이루고 있는 것이 아니다. 이 논쟁 속에서 시인은 오히려 그들의 불의와 폭력의 오만불손으로 인한 고통을 탄원한다. 시인은 하나님이 돌보는 세계에서 악인이 산출해내는 모순과 악인의 모호성을 하나님과 대조시킨다. 이것은 자기 자신과 자신의 선함만을 돌보고 생각하는 인간의 작은 비탄이 아니다. 이 시편들의 열정은 정의는 성취되어야만 한다는 기본적 확신으로부터 성장한다.—적어도 악을 추방하고 죽음으로 위협받고 있는 자들에게 구원을 가져오는 '정의의 태양'으로서 모두를 위한 '삶의 집'으로 세상을 창조한 한 하나님께 동시에 심판자인 하나님께 시편의 시인은 탄원하고 있다. 이것은 당연히 이 땅의 어떠한 심판도 법과 정의를 성취해야 하는 그들의 의무에서 면제될 수 없다는 것을 의미한다. 그러나 이러한 탄원 속에 인간의 심판과 정의는 완성된 정의를 재건하기 위해서 충분하지 않다는 고통스러운 현실이 표현되어 있다.

찰쯔브룩의 교의학자 고트프리드 바흘(Gottfried Bachl)은 통치하시는 하나님의 손이 되는 첫 번째 언약과 두 번째 언약의 핵심적 소식이 왜 복음인지를(복음서!) 아주 인상적으로 해석하고 있다. 그는 우선 심판이 무엇인지 그 예를 보여주고 있다.

"1988년 3월 8일 독일 TV에서 영화가 방영되었다. 이 영화에서는 프랑스의 작은 마을 오라뒤-쒸르-글랑(Ordaour-sur-Glane)의 몰락을 보여주고 있다. 독일 나치 친위대(SS-Division)는 1944년 6월 10일 프랑스의 저항운동에 대한 복수로 집단 주택단지를 완전히 파괴시켰다. 대략 600명의 남자, 여자 그리고 어린이가 동시에 불에 타 죽었고 총살당했다. 이러한 살해를 지휘 명령한 장교들 중의 하나는 후에 동독에서 한 기업체에서 존경받는 직원, 한 가정의 인자한 아버지 그리고 눈물어린 감동으로 그의 손자를 돌본 할아버지로 살았다. 그의 범죄행위가 있은 지 36년이 지난 1980년 그는 체포되어 기소되었고 무기징역을 선고받았다. 한 여기자는 그를 감옥에서 만나 긴 시간 동안 이야기를 나눌 수 있었다. 그는 끊임없이 울었다. 여기자는 그에게 물었다. '지금 왜 이렇게 우십니까?' 그는 대답했다. '왜냐하면 나는 지금까지 너무 행복하게 살았습니다. 그리고 이제 그것은 끝이 났습니다.' 여기자는 계속해서 물었다. '당신은 그 당시 당신이 죽인 어린이와 사람들을 위해서 울어본 적이 있습니까?' 그는 대답했다. '아니오.' '당신은 당신이 그 사람들에게 잔인한 불의를 자행한 것에 대해 생각해 본적이 없습니까?' 그는 대답했다. '내가 자유롭게 살아가는 동안 나는 생각해본 적이 없습니다. 모든 것이 아주 정상적인 것이었습니다. 그러나 나는 이제, 그때 무엇인가 비정상적이었고 어쨌든 나 스스로 연루되었고, 모든 것이 잘못되었다는 것을 생각합니다.'

이 남자의 경우 사태에 대한 인식, 후회 그리고 눈물이 가장 먼저 나타났다. 그 후 그가 이 사건에 대해 인정해야 한다고 법원이 다루었을 때, 그 사실을 그가 다시 직면했을 때, 그는 그의 목숨과 그의 삶, 동시에 그 자신의 건재함과 독선 속에서 무감각하고 운 좋은 평판(Befangenheit)으로부터 눈 뜰 수 있었고 그의 행위를 볼 수 있는 한 인간이 되기 시작했다. 심판이 그에게 그것을 가능하게 한 것이다."[3)]

3) G. Bachl, "Das Gericht," *Christ in der Gegenwart* 45(1993), 397.

우리는 인간의 심판이 '하나님의 심판'과 직면에서 일어날 수 있는 것 그리고 일어나야만 하는 것을 알 수 있다. — 자세히 말하면 그것은 피안의 세계에서 그리고 심판의 끝에서가 아니라 오히려 바흘러(Bachl)가 보여주는 것처럼 지금 이 세계에서이다.

"우리 역사의 흐름은 정의로 흘러들어 가는 것이 아니라 정의에 관한 질문으로 흘러들어 간다. 정의가 일어나는 곳은 오직 정의가 언젠가(과거나 미래) 지켜지거나, 모든 것을 이해할 수 있는 형태로 나타나는 곳이다! 심판, 인류의 심판은 결코 현재 사람들이 보스니아에서 멀리 떨어져서 그리고 가정의 울타리 안에서 서로 비밀히 행함으로 이루어질 수 없을 것이다. 인간세계에서 일어나는 사건(Das Geschehen)은 처음부터 하나님의 심판에 대한 탄원이다. 그리고 이 탄원에 대하여 최우선적으로 구원의 약속의 복음, 복음의 기쁜 소식은 대답하고 있다.

사건의 강이, 피와 희생과 인애와 악의, 무죄와 정의를 넘어서 계속해서 끊임없이 흐르고 있다. 하나님은 역사의 과정에서 정의와 불의는 분명히 구별되며 이들의 차별성은 실행되어야만 한다는 것을 명확하게 하고 계신다. 하나님은 희생자, 잊혀지고 굶주린 어린이를, 폭행당한 여자들을 찾으시고 숨어 있는 범죄자를 찾아낼 것이다. 하나님은 모든 것을 그의 영원하고 거룩한 뜻 앞에서 선을 위하여 모으실 것이고 그 결과 모두는 그들의 삶 속에 그것을 위하여 서 있는 것처럼 보아야만 한다.

복음서는 이것을 세계 역사의 커다란 움직임과 관련해서 말하고 있다. 복음서는 심판하는 자의 직접적 언어로 사람들에게 설복하고 있다. 창세기는 심판 장면으로 시작한다. 하나님은 인간을 부르시고 계신다. **아담아, 너는 어디 있느냐?** 아담은 숨어 있고, 두려워하고 있다. 그리고 둘의 대화가 이어진다. 범죄 후 숨어 있는 은신처에서, 그를 덮고 가려주기 위해 찾고 있다. 그는 모든 옷이 벗겨진 체, 알몸이 되어 진실하게 고백하고 있다. 내가 그입니다. 그 외에 어느 누구도 아닙니다.

인간을 명료하게 설명하는 이러한 대화는 또한 예수의 경우에서도 발견된다. 창녀(눅 7:36-50)와 세관장 삭개오(눅 19:1-10)와 야곱의 우물가에서 있었던 한 여인과의(요 4:1-26) 만남. 오늘날은 심판에 관하여 다음과 같이 말하고 있다. 심판은 인간의 자기 발견을 위한 하나님의 도움이다. 그것은 무죄한 망상으로부터의 자유이고, 잠자고 있는 양심을 깨우는 것이고 삶의 거짓으로부터 해방이다. 하나님의 이러한 도움이 있기 때문에 그것은 불가피하며 회복의 과정에서 고통스럽고 최종적이다. 그것은 인간의 삶의 끝, 죽음에서 일어난다. 이 길에서 인간은 전체적으로 승리하며, 그는 진실하며, 하나님의 모든 현재를 수용할 수 있도록 준비되며, 진실하며 생동감을 갖는다.

그것을 두려워하는 것보다 우리가 더 그것에 대한 희망을 갖고 있는 곳에서 이러한 도움이 필수적이라는 것을 우리는 삶 속에서 충분히 관찰할 수 있다. 왜냐하면 우리는 그것이 우리 안에 있는 비겁함 속에 대부분 포기된 진실에 대한 굶주림에 대답할 것이라는 생각을 갖고 있기 때문이다. 왜냐하면 우리는 우리의 부족함을 괴로워하지 않고 오히려 그런 굶주림이 우리에게 진실을 행할 것이라 기대하고 있기 때문이다."[4]

예를 들어 우리가 "분노와 반발심을 자아내는 시편"이란 제목을 가진 1장에서 요약하고 있는 것처럼 시편은 하나님께 그리고 하나님을 향하여 탄원하는 영역이다.

주여, 복수하시는 하나님이여
복수하시는 하나님이여 빛을 비추어 주소서!
당신은 세계를 심판하시는 자입니다.
주여 일어나사, 교만한 자들에게 마땅한 벌을 주소서!
(시 94:1-2 교정하지 않은 루터 번역)

2. 그러므로 여전히: 복수의 하나님?

위에서 인용하고 있는 시편 94편은 시편의 심판관이 '복수하는 자'로서 이해되고 있다는 사실을 보여주고 있는 것이 아닐까? 악인

4) G. Bachl, "Das Gericht," 397.

의 멸망에 대한 소원을 표현하고 있는 부분은, 하나님의 심판의 기쁜 소식(Frohbotschaft)이 인간적인 복수의 열망을 오히려 더 크게 한다는 것을 증명해주고 있는 것은 아닐까? 여기 하나님께 기대하고 간청된 원수들에 대한 파괴적인 폭력은 하나님 안에 있는 구조적인 측면이 아닐까? 우리에게 인상 깊은 이 시편의 하나님에 대한 신뢰는 복수에 대한 소망과 깊은 관련을 맺고 있기 때문에 여기에 숨겨진 너무 위험한 공격과 폭력의 종교 의식화가 발생하는 것은 아닐까? 성서(두 언약)의 심판에 대한 기록 안에 자주 나타나는 하나님의 진노에 대한 생각은 심판에 대한 소식에 나타나 있는 폭력의 가능성을 신학적으로 경시(Verharmlosung)하는 것에 대한 하나의 경고 표시가 아닐까?

이러한 질문에 대한 대답의 첫째 시도는 의미론(Semantik)에서 시작된다. 이것을 통해서 비합리적인 문제 자체를 해결할 수 없지만, 불필요한 오해로부터 해방될 수는 있다. 이 시편을 거부하는 대부분의 문제는 **역시** 언어의 사용과 번역의 문제이다(5장을 비교하라).

언어의 문제는 이미 우리가 위의 1:1에서 다양한 번역들을 살펴보았을 때 명백해졌다. 예를 들면, 시편 94:1의 교정하지 않은 루터 번역 속에 쓰여 있는 하나님에 대한 호칭 "복수하시는 하나님이여"는 이미 다양하게 번역되고 있다.

복수(Rache)하시는 하나님이여 빛을 비추어 주소서!

(수정하지 않은 루터 번역)

당신, **보복(Vergeltung)하시는** 하나님이여 빛을 비추어 주소서!

(수정 루터 번역과 통일된 번역)

징벌(Ahndungen)하시는 하나님이여 빛을 비추어 주소서!

(마틴 부버 번역)

우리가 좀 더 계속해서 번역을 살펴본다면, 이러한 다양성은 더욱더 커진다.

당신, **복수(des Rache)하시는** 하나님이여 빛을 비추어 주소서!

(N. H. Tur-Sinai)

복수의 힘(Rachende Macht)이시여 빛을 비추어 주소서!

(Leopold Zunz)

복수(der Rache)의 하나님이여 빛을 비추어 주소서!

(쮜리히 성서)

세 가지 유대교적인 번역(부버, 투어-시나이, 쭌쯔)이 그들의 커다란 언어적 불확실성 때문에 더욱 견고한 기독교적 번역으로부터 두드러지게 구별된다는 사실은 우리가 표면적으로 간과할 수 없으며, 이것은 성서 본문의 첫 번째 특별함을 표시해주고 있다. 다시 말하면, 이 시편 본문에서 *n^eqamot*(복수; 단수: *n^eqama*)를 부버는

"징벌"로, 투어-시나이와 쭌쯔는 행위동사로 번역하고 있다. 여기서는 하나님에 대한 본질적 표현이 우리의 주제가 아니라 오히려 하나님의 활동방식(어쨌든 번역 "복수[Rache]의 하나님이시다"를 통해서 루터가 확고히 하고자 하는 것)이 우리의 주제이다.

두 번째 특별함은 히브리어 단어가 갖는 의미의 형태에 관한 것이다. 이것이 더는 '복수'(Rache)로 표현될 수 없다는 사실은 독일어로 '복수'의 뜻이 가지는 의미의 다양성으로부터 발생한다. 다른 한편으로 히브리 성서에서 히브리어 언어 *n^eqama*(명사) 또는 *naqam*(동사)이 사용되는 관련성으로부터 발생한다.

위르겐 에바흐(Jürgen Ebach)는 의미론적인 문제를 다음과 같이 기록하고 있다.

> "무엇이 '복수'(Rache)인가?
>
> 독일어 두덴-사전(Duden-Wörterbuch)은 다음과 같이 정의를 내리고 있다. '개인적인, 종종 감정에 의해서 동반되는 악인의 보복, 특별히 개인적으로 고통당하며 불의로 느껴지는 행위; 불의, 굴종, 패전, 괴롭힘 그리고 그와 비슷한 것들의 보복.' dtv-사전은 다른 부분을 강조하여 설명하고 있다. '자기 스스로 불의에 대한 보복(피의 복수), 또한 그것을 목적으로 하는 증오와 충동.' 이것에 따르면 복수는 규정화된 법의 처리방식 이외의 실제적 행위, 감정의 표현이다. 감정으로서 고삐 풀린 혐오는 복수에 수반된다. 복수의 감정은 비도덕적인 것으로 간주된다. 비록 주어진 상황이 이해될지라도 실행으로서 복

수는 우리의 법 구조 속에서 불의이다. 국가 폭력의 전매권(Gewalt-monopol)과 그것과 연결된 요청은—규정화된 사법기관의 처리방식에 삽입되지 않는 범죄자에 대한 어떠한 징벌도 주어질 수 없는—불의에 대한 정당한 반응의 연출목록(Repertorie)으로부터 복수의 행위를 배제하고 있다. 징벌이 복수를 대신하고, 만약에 민법의 싸움을 다룬다면 규정된 손해배상이 복수를 대신하는 것이다."[5)]

만약에 시인들이 정의로운 심판자 되신 하나님께 탄원한다면 그들은 그들 스스로에게 '복수'하는 것을 허용하지 않는 것이다. 그리고 그들은 비합리적이며 거칠게 공격하는 하나님을 향해서 탄원하지 않고(하나님 앞에 시인들 스스로 두려움을 가져야만 했다!), 오히려 그들은 정의의 하나님으로써 숙고하시고 결정하시며 벌하는 한 분이신 하나님께 탄원하고 있다.

그리고 그들은 최종적으로 징벌에 대한 관심 때문에 부르짖는 것이 아니라, 파괴된 법과 질서를 회복시키기 위해서 그리고 변화되기 위해서 하나님께 호소하고 있다. 여기서 배경을 이루고 있는 유사현상(Analogen)은 통제할 수 없거나 비밀스러운 복수가 아니다. 오히려 법의 원칙에 따라서 결정을 내리고 합법적인 처벌 규칙

5) J. Ebach, "Der Gott des Alten Testament–ein Gott der Rache?," J. Ebach, ed., *Biblische Erinnerungen. Theologische Reden zur Zeit*(Bochum, 1993), 81–92. 이 논문은 나에게 많은 영향을 준다. 비교. W. Dietrich, Rache. "Erwägungen zu einem alttestamentlichen Thema," *EvTh* 36, 1976, 450–472.

을 통해 공동체의 행복을 도모하고 지원하기 원하는 합법적인 법적 권위의 공식적인 개입이다.

물론 독일어 단어 '복수', '복수하다'는 '법', '바르게 하다'의 어원에서 비롯되고, 여기서 법적인 상관성이 주어지지만, 우리의 일상적인 언어 속에서도 법적인 실용에서도 '복수'를 의미하는 것으로 이해하지 않는다('복수'로 인한 살인은 예를 들면 살인죄에 해당한다!). "징벌"로 번역한 부버(M. Buber)의 번역이 의미론적 문제의 해결책을 제시할 수 있을지 우리는 다양한 측면을 살펴볼 것이다. 적어도 이런 단어는 그동안 진부한 톤(klang)으로 이해되었기 때문에 우리는 진지하게 숙고해야 한다.

물론 하나님이 징벌을 내리시고 벌을 주시는 심판자로서 탄원되거나 하나님 스스로 심판자로 계시되는 상황 속에 많은 것이 감정(Emotionalität)을 건드린다. 시인의 '징벌에 대한 소원'(Strafwünsche) 역시 폭발적으로 발생하는 감정에 의해 발생하는 것이다. 왜냐하면 그들 안에 고난 받는 자의 총체적 상처와 '하나님'과 '세계'에 대한 의심이 표현되어 있기 때문이다. 그러므로 공식적인 사법기관의 본질은 심판자, '복수하는 자', 구원자로서의 하나님에 관한 언급과 그 주제 면에서 유사성(Analogon)을 가진다. 시인들의 호소와 신뢰는 하나님께 불의 자체를 제시하며 의혹을 품는 사실에 의존하는 것이 아니며, 그가 '자신의 이름 때문에' 정의를 행해야 한다는 사실에 의존하고 있는 것도 아니다. 이런 점에서 하나님은 독립적인 법정의 냉담하고 중용을 지키는 기관이 아니다. 정말 그는 살아 있는 하나님이기 때문에, 시인들은 하나님과의 거리를 없애기 위해 노력하고 하나님을 자신의 편으로 만들기 위해서 노력하고 있다! 하나님은 그의 심판자–직무를 수행할 뿐만 아니라 동시에 **자신을** 심판자로 선언해야만 한다.

그러므로 심판과 징벌이 이미 선포되었다면 그 하나님은 또한 징벌을 철회할 수 있다. 이것은 요나서의 신학적인 메시지이다. 이것은 시인이 원하든 원하지 않든 야웨를 향하는 모든 징벌과 멸절에 대한 간청을 신학적인 전제로 한다. 하나님을 위협하는 외침은 "Tua res agitur"(하나님이여, 여기 당신의 일이 있습니다!)로서 포괄적이다. '그의' 섭리 그의 심판이 "죄인의 죽음을 원하는 것이 아니라 오히려 죄인이 죄로부터 돌이켜 삶을 발견하는 것이다!"(겔 18:23, 33:11)

이것을 출발점으로 하나님의 진노에 관한 이야기를 이해할 수 있다. 한편으로 신화적 인간의 언어와 형상의 세계에서 그의 백성과 그의 세계를 위한 하나님의 권한이 확실히 강조되고 있다. 하나님의 진노는 그 스스로 그의 신적인 정체성을 자신의 백성, 자신의 창조물과 관련시키고 있는 그의 "열정적 신성함"(Eiferheiligkeit) 속에 있다. 이런 점에서 그 진노는 다른 한편으로 성서의 계약 사상과 깊은 관련성을 갖는 정치적–법학적 범주이다. 이집트학을 연구한 학자 얀 아스만(Jan Assmann)은 특별히 하나님의 진노에 대한 이스라엘의 이해의 범주를 다음과 같이 쓰고 있다.

"이 진노는 특별히 정치적인 격정이다. 진노는 이스라엘에서 왕의 역할을 갖고 있는 야웨의 것이 되었다. 사람들이 이전에 상상했던 것처럼, '분노한 악령'의 비이성적인 격정이 아니라 오히려 전혀 정반대로 정의에 대한 높은 문화적인 사상이 이 진노를 유발시킨다. 그것은 구원에 개입하는 심판관의 진노를 말하며, 신하들을(Vasallen) 다스리는 지배자의 진노를 말한다. 우상숭배와 압제는 하나님의 진노를 불러일으키고, 이 둘은 하나님과 체결된 언약에 대한 파괴이다. 우상숭배는 다른 지배자에게로의 배교를 의미하고 계약의 체결에 대한 파괴이며 압제는 율법에 대한 전향을 의미하며 하나님의 법률규정의 파괴이다.

하나님의 진노에 대한 이러한 정치적인 해석은 고전으로 소급되어 올라간다. 락탄츠(Laktanz)는 그의 책 전체에서 하나님의 진노를 다루고 있다. 그 당시 소개하고 있는 것처럼 문제는 하나님의 정서, 감정(Affektivität)에 대한 사고가 본질을 이루고 있다. 격정(Affekt) 또는 '고난'을 의미하는 그리스어는 '파토스'(pathos)이다. 격정(Affekte)은 그리스어의 해석에 따르면 고통당하는 것이고, 그것은 그의 본성에 따르면 '수동적'이다. 하나님이 고난 당할 수 있을까? 고대의 철학적인, 특별히 스토아학파의 유일신 사상(Monotheismus)은 절대적인 완전함(Vollkommenheit)과 그로 인한 하나님의 고난에 대한 무결(Leidensunfähigkeit)을 주장한다. 그러나 락탄츠는, 진노는 하나님의 본질(natura)에 속하는 것이 아니라 하나님의 역할(Rolle)에, 하나님의 제국에(Imperium) 또는 영유권(Dominium)에 속하고 그가 성취한 구원과 정의의 세계를 향한 애정의 형태를 표현하고 있다는 것에 대하여 반론을 제기하고 있다. 진노와 연민은 상대를 서로 조건으로 하고 있고 합리적 필연성을 지닌 양자는 하나님의 세계를 향한 애정으로부터 결론이 이르게 된다. 하나님에게 이러한 격정을 인정하지 않는 자는 하나님의 세계를 향한 애정을 부인하며, 하나님을 경배받지 못하는 '하나님은 할 일 없는' 자들 중에 하나로 만든다. 진노할 줄 모르는 하나님은 예배를 필요로 하지 않는다. 두려움이 없는 곳에는 신앙이 존재할 수 없다. 진노, 사랑과 연민은 하나님의 심판관직의 특성이며 세계를 유지하기 위해서 필수적이다.

하나님은 비정치적이다. 이 주제는 모든 정치신학의 기본적인 수용에 속한다. 이점에 이집트와 이스라엘은 서로 전적으로 동의하고 있다. 차이점은 단지 다음과 같다. 이집트에서 신은－여기서 단수 형태에 적합하다.－통치권, 다시 말하면 신은 그의 통치자적 심판관적 세계에 대한 사랑의 역할을 자신을 대표하는 왕에게 부여한다. 이와 반면에 이스라엘에서 하나님은 스스로 그리고 직접적으로 이 역할을 수행한다."[6)]

만약에 시편이 "당신의 진노를 나의/우리의 원수에게 쏟으소서!"라고 외친다면 물론 진노의 범주와 종교사적인 출처, 특별히

6) J. Assmann, *Politische Theologie zwischen Ägypten und Israel*(München, 1992), 85-87, 93.

이스라엘적 표현에 대한 지식이 없는 현대인의 경우 이런 표현은 매우 모순적이며 부정적으로 들릴 수 있다. 그러나 보충 없는 삭제는 성서의 하나님을 무관심한 구경꾼 또는 '하나님은 할 일 없는' (deus otiosus) 자, 그리고 그로 인해 그 외의 모든 사회 비평적 가능성이 결연된 하나님에 대한 이해(Gottesidee)를 산출하는 것이다.

'하나님의 징벌'과 '하나님의 진노'에 대한 비합리적·선동적 표현은 무엇보다도 폭력적이고 부패된 사회와 세계의 상황에 관한 것을 말하는 것이며, 이런 상황이 불가피한 것도 아니며 불가피한 것으로서 합리화 혹은 관용될 수 없다는 것을 말한다. 이것은 결코 인간들에 관해서 언급하는 것이 아니며 하나님 스스로에 관해서 언급하는 것은 더욱 아니다. 이것을 "원수시편"은 기억하기 원하며 기억해야만 한다.

3. 역동적인 세계관과 세계에 대한 실제적인 관점

하나님의 심판에 대한 탄원과 그의 백성, 그리고 그의 세계를 위한 하나님의 책임에 대한 호소의 배경 속에는 혼돈과 질서 사이의 영원한 설왕설래 속에서 백성의 삶과 창조를 '생각하는' 역동적인 세계관이 담겨 있다. 혼돈과 질서는 성서적인 사고 안에서 물론 이원론적인 의미로 결코 동등한 실제가 아니다. 그럼에도 불구하고 혼돈은 그로부터 "천지만물"이 창조되어진 폭력적인 힘이다(비교.

창 1장; 솔로몬의 지혜서 11:17f.). 더욱이 야웨 스스로 혼돈을 창조했다는 사고도 존재한다(비교. 사 45:7; 잠 8:23f.). 이러한 혼돈은 지속적으로 질서를 둘러싸고 완전히 지배한다. 그리고 야웨에 의해서 정복되며(비교. 사 51:9f.; 시 74:89; 욥 26:40f.), 지배된다(비교. 시 46, 48, 93, 104편). 이스라엘이 그들의 주변세계와 동일하게 가지고 있는 이러한 혼돈 사상은 실제적인 현실 속에서 날마다 경험하는 질서에 대한 불안한 위협들과 모든 것을 선하게 창조하신 하나님에 대한 성서 이야기와의 모순을 인식하게 만든다. 다른 한편으로 그들은 혼돈과 질서의 싸움에 영향을 미치는 하나님의 속성을 하나님께 드리는 기도로 형성된 시편을 통해서 인간을 창조한 하나님 이해에서 출발하고 있다.

이러한 시편에는 혼돈에 대항하는 인간들의 싸움의 형식을 갖고 있다. – 동시에 하나님께 대항하는 그리고 하나님과 함께하는 싸움의 형식을 갖고 있다. 그들은 교리적 반영도 아니고 (높은 수준의 혹은 낮은 수준의) 윤리적 숙고도 아니다. 시편은 시인이 자신을 발견하거나 다른 사람을 인식하는 상황과 두려움을 반영하며 표현하고 있다. 그리고 그들은 동시에 이러한 상황이 그들이 믿고 소망하는 하나님에 대한 진실과 모순이 있다는 사실을 열정적인 신념으로 표현하고 있다. 이 시편들은 혼돈에 대한 하나님의 도전을 원하고 있다. 게다가 그들은 또한 양식비평사적으로 간청의식(Beschwörungsritual)에서 기원하고 있는 "원수저주"를 삽입하고 있다. 이 "원수저주"의 마술적인 힘을 가지고 그들은 '악인'을 놀라게 하고 창조적인 회복의 힘을 방출하기 원한다. 무엇보다도 그들은 그것을 통해서 하나님을 신중하게 불러내기를 원한다.

아마도 하나님이 역사와 사회를 주관한다는 하나님-도전(Gottes-Herausforderung)의 노골적 구조와 이 구조의 확실성은, 역사의 가능성을 구세론적으로 사용하거나 개인적-영적인 피안의 세계로 밀어버린 기독교인의 신앙에 있어 시편의 실제적인 도전이다. 여기서 원수시편들의 날카로운 음색이 전 기독교인을 그들의 구조적인 하나님-기억상실(Gottes-Amnesie)의 수면으로부터 몰아낼 수 있다. 비록 시편에 각인된 역동적이며 진취적인 완전함이 세계관의 마술적·신비적 부분의 한계를 지니고 있다는 데에는 오해의 소지가 없을지라도 날마다 삶의 실천을 위한 그의 '업적 능력'은 충분히 높게 평가되어질 수 있다. 나는 이것을 무엇보다도 다음 4개의 측면에서 본다.

(1) 시편에서 '원수들'은 혼돈의 대표자들이며, 그들의 영향은 세계의 반대 또는 모호한 구조적 권력의 상징으로 묘사되고 있지만, 이러한 '원수들'은 신화화될 수 없고 악령화될 수 없다. 시편 58편에서처럼 혼돈-질서-투쟁이 하나님의 전투로 표현되는 곳에서조차 하늘에서 땅으로 출발하며 사회의 구체적 실제성과 연결된다(비교. 위 III.3). 그 안에 시편의 실제적 세계에 대한 관점이 나타나 있다. 그들은 구체적인 인간의 사회제도(Institutionen)에서 출발하고 있는 행위들과 폭력의 기계장치(Gewaltmechanismen)를 설명하고 있다. 종종 범위를 벗어난 모사(그림)들을 통해서 명백하지만

베일에 가린 폭력이 발휘하는 공포의 영향력을 표현한다. 그러므로 그들은 강압적·파괴적 폭력을 경시하고 간과하는 유혹에 반드시, 끊임없이 저항해야 한다.

(2) 시편의 기도자가 폭력에 의해 직접적으로 협박받는 곳에서 폭력을 탄원하는 경우뿐만 아니라 삶의 터전이 되는 이 땅에서 하나님과 역행하는 구조적 장애를 폭로하는 경우 지나치게 열광적인 행복과 자유를 제시하는 이데올로기를 극복한다.

(3) 이 시편은 특별히 연약한 자, 병든 자, 고난 당하는 자와 괴롭힘 당하는 자들에게 적대적인 또는 적대적으로 느끼는 상황을 의미하는 폭력의 그물망을 의식하기를 원하고 있다. 두려움과 고난에 대한 그들의 구체적인 표현을 통해서 그들은 이러한 고난을 문화적이고 사회적인 일상 한가운데로 가져온다. 그것은 성서의 경건을 위해 성서적으로 각인된 고난의 구체적인 감정 표현이다. 요한 밥티스트 메츠(Johann Baptist Metz)는 기독교가 이 시편들이 겪는 어려움과 무엇을 위해 이 어려움을 겪어야 하는지를 그 강의(Münsteraner Abschiedsvorlesung)에서 다음과 같이 해석하고 있다.

> "나는 지난 해 끊임없이, '무엇이 신학화되었는가'보다는(유일하게 유일신 사상이 지배적인 문화와 종교에서), 기독교에 무엇이 발생했는지 물었다. 동시에 나는 기독교의 이해되지 않는 비세분화에 관심을 기울이지 않고, 또한 **단순화된 관계**를 중요하게 생각하지 않고,

오히려 신학화의 방법에서 기독교의 언어적·도덕적인 권한 때문에 오늘날 위협받으며, 잊혀지거나 침묵 속에 머무는 것이 무엇인지를 질문했다. 내 생각에 기독교는 그의 신학화의 과정 속에서 고난에 대한 민감성 — 신학적으로 말하면 — 신정론에 대한 민감성(Theodizeempfindlichkeit) 다시 말하면 번민(Beunruhigung)과 죄 없이 고난 당하는 자의 정의에 관한 질문을 상실했다. 그리고 동시에 기독교는 번민 다시 말하면 시간에 대한 민감함(Zeitempfindlichkeit)을 기간에 대한 질문으로 대치했다. 얼마나 더 고난을 받아야 합니까? 주여 어서 오시옵소서! 이 이중 손실은 세속적인 방법으로 결코 손실로 간주되지 않고, 오히려 그는 승리로서, 신학적인 합리성의 승리로서, 무엇보다도 기독교 안에서 유대교적인 전승을 넘어선 신학적인 승리로서 간주되었다. 그러나 내 견해로 그것은 오늘날 기독교의 위기의 출발점이 되었다. 반복해서 말하면 기독교에서 모든 교회의 위기는 바로 이 이중의 손실에 있다.

기독교의 하나님 이야기는 고난에 대한 민감함을 상실했다. 기독교 신학이 고난 당하는 자의 정의에 대한 질문을 죄인의 속죄(Erlösung)에 대한 질문으로 변화시킴으로, 처음부터 기독교 신학은 죄 없이 고난 당하는 자의 정의에 대한 질문을 멀리했다. 이 신정론의 질문, 다시 말하면 세계, **그의 세계**의 신비스러운 고난의 역사의 관점에서 하나님에 대한 질문은 구원론의 순환논법으로 들어간다. 그 질문은 구원론적으로 암호처럼 되었다. — 그리고 이것은 사악한 결과 없이 불가능하다. 기독교에서 고난의 윤리는 죄의 윤리로 변형되었고, 고난에 민감한 기독교로부터 죄에 민감한 기독교가 되었다. 피조물의 고난에 본질적인 관심을 기울인 것이 아니라 그들의 죄에 관심을 기울였다. 기독교의 신학은 무엇보다도 죄의 감정과 죄의 두려움(새로운 인식에 이르는)을 발견하는 방법이 되었다. 이것은 의인의 고난에 대한 그들의 민감성을 마비시켰고, 모든 굶주림과 갈증이 해결될 수 있는 위대한 하나님의 정의를 보여주는 성서적 비전을 메마르게 하였다."[7]

(4) 원수시편이 타인의 불행과 관련하여 고난에 대한 민감함을 하나님께 드리는 개인 기도 안에 수용함으로써 원수시편의 시인이 폭력의 그물망에 어떻게 얽혀 있는지에 관한 질문 앞에 우리를 직면하게 한다. 자세히 말하면 일차적으로 죄의 도덕적 범주가 아니라 오히려 삶과 정의의 하나님 나라에 모순되는 신학적인 범주 아래서 이것이 이루어지고 있다. 그것을 통해 이 시편들은 무죄의 망상에 항거한다. 특별히 그 안에 언제나 반복해서 사용하는 질문 "얼마나 더? 왜?"를 통해 시인은 자신을 훌륭한 유대교적 기도문이 명시하고 있는 시간적 압박을 호소한다. "당신의 나라가 임하소서!"

7) J. B. Metz, "Gotteskrise. Versuch zur geistigen Situation der Zeit," J. B. Metz, u.a. ed., *Diagnosen zur Zeit*(Düsseldorf, 1994), 84f.

4. 시로 이루어진 기도

시편의 전체적인 가치평가를 위해서 우리는 원수시편을 특별한 방법으로 생각하고 관찰해야만 한다. 원수시편은 시문학이며 시문학의 다양한 비유 언어(Bildsprache)적 형식에 의해서 그리고 그 비유 안에 살아 숨 쉬고 있다. 원수시편은 이러한 비유 언어를 통해 그들의 경험을 농축시키며, 깊이와 영속적인 생동감 속에서 경험을 전달하고자 한다. 이러한 비유 언어 안에서 원수시편은 긴장감 넘치는 두려움과 파도처럼 밀려오는 고통 그리고 원수들의 폭력의 잔인함과 폭력을 자행하는 악인들의 집단을 파괴하는 하나님의 개입에 대한 소망을 보여주고 또한 간청한다. 서정적 시와 문학 작품을 잘 알고 있는 사람은 시편을 시문학으로 이해하는 데 어려움을 느끼지 않는다. 그와는 달리 대체로 시적 정취가 없는 언어로 세속적인 기독교 기도를 다루고 있는 문학 작품에 부정적이며 해를 경험한 사람은 시편을 시문학으로 이해하는 데 민감하며 시간을 필요로 한다. 특히 많은 비유는 우선 그들의 문화-종교사적인 원천에 대한 지식으로부터 깊이 해명되어야 하기 때문이다. 그러므로 사람들은 성서의 세계를 깊이 '들여다보아야만 한다.' 다른 시들의 경우도 마찬가지인 것처럼!

시적인 표현의 매개체로서 시편의 비유 언어를 이해하는 사람 혹은 비유 속에서 파악되는 경험과 희망을 고양시키기 원하는 사람은 이 비유들의 단순한 내용적 이해에 머물 수 없다. 그들의 구성적인 기술(Technik) 속에서 비유 형태를 인식하는 것이 중요하다. 시편의 비유는 때때로 개별적인 요소를 통해서 표현되고, 때때로 비유 콜라주(Bildcollage)와 비유의 대담한 도약(Bildkaskaden)으로 긴장감을 흐르게 하며, 충격적으로 계획된 의도 속에 표현되어 각각 쓰인 비유는 서로 녹아들고 있다. 가끔 한 편의 시편에 유일하게 커다란 비유가 전체를 이루고 있으며, 다시금 비유 언어와 개념 언어 사이에 의도적인 혼합이 존재하고 있다. 비유 기법이 개별적인 시편에서 얼마나 자주 실제화되는지, 시적인 능력과 환상이 어디에 있는지는, 그 부분에 관심 갖는 사람에게 언제나 다시 놀랍도록 새롭게 이해되어질 수 있다. 비유 언어를 통해서 시편은, 삶에 필연적으로 동반하는 다양한 실체화를 위해서 솔직하게, 날마다 새롭게 요구되는 능력을 위해서 창조적으로, ―하나님을 향한 기도하는 자의 도전 안에서―폭력과 고난에 저항하는 싸움을 수용할 수 있다.

원수시편은 무엇보다도 그 안에 형성되어 있는 파괴적이며 구조적인 비유의 긴장감 속에 살아 있다. 그 안에는 두려움의 비유와 희망의 비유가 강하게 서로 엉켜 있기 때문에 비유의 세계 속 깊이 이르는 교제가 우리 안에 치유의 능력을 발산한다. 시문학에 대한 깊은 심리학적 접근은 시편 언어의 이러한 범위 안에서 이루어진다.

여기서 가장 먼저 우리의 꿈과 아주 비슷한 두려움에 대한 묘사들이 있다. "솟아오르는 물결, 진흙 속으로 가라앉음, 가뭄과 타오르는 목마름, 미끄러짐과 함정, 맹수와 강력한 원수들 … 우리 꿈의 피상적인 형태보다 그들은 견고함에 있어 좀 더 우월하다. 그들은 인상 깊고 이해하기 쉽다. 그들은 또한 사실적이고 객관적인 성찰을 지탱함에 있어 좀 더 우월하다. 우리의 꿈처럼 직접적으로 두려움과 소원을 표현하는 표시들이 있다. … 그들의 특징을 설명하는 언어적인 표시들이 존재한다. 외부 경험의 실제성이 지속적으로 우리 내부의 비유들(Bilder)의 세계와 관계를 맺는다. 동시에 실제를 지적하는 것처럼 이것을 지적하고 의미론적으로 양자를 나란히 유지한다."[8] 이러한 비유 속에서 우리가 가진 익명의 근본적인 두려움을 표현할 수 있으며, 그리고 그것을 통해서 그들의 파괴성(Destruktivität)을 상실한다. "개인의 두려움에 대한 이야기와는 달리 원수들에 대한 이야기는 무엇인가? 전체적인 의미에서 나의 원수는 언제나 나에게 두려움을 만드는 자들이며, 물론 역으로도 생각할 수 있다. 내가 두려움을 가진 곳에서 나는 인간적이든 초인간적이든 내가 원수들로 둘러싸여 있는 것을 본다. 물론 나는 스스로 두려움 속에서 원수 자체를 만들어낼 수도 있다. 만약 실제적인 두려움을 주제로 다룬다면 사람이 두려움에 저항하여 모든 열정을 가지고 두려움으로부터 자유를 추구하는 것, 그리고 다시 말하면 두려움의 원흉으로부터 자유를 추구하는 것 외에 어떤 이야기를 하는 것이 가능할 수 있을까?"[9] 이것은 시편에서 그들의(근본적인

8) I. Baldermann, *Einführung*, 100f.

9) *Ibid.*, 91.

비유) 치유와 해방의 능력이 한편으로는 하나님의 행위를 표현하는 근본적인 비유이지만, 다른 한편으로는 이것은 기도하는 주체가 스스로 설 수 있도록 돕는 근본적인 비유로 인해 새롭게 발생한다. 우리는 이 시편을 심지어 둔주곡(Subjektwerdung)[10]의 주제를 담는 총보(Partituren)[11]로 읽을 수 있다. 하나님께서 두려움에 떠는 시인의 발을 견고한 땅에 세우신다는 것, 그가 그를 넓은 곳으로 인도하신다는 것, 그가 그의 어두움을 밝게 하신다는 것, 그가 그를 좋은 샘물을 담고 있는 두레박처럼 다른 사람들을 위해 길어 올린다는 것, 이것이 두려움이라는 혼돈의 중심에서 바른 행위를 할 수 있게 하는 비유이다.

복수시편들이 시적인 기도라는 사실은 복수시편을 의미없는 비탄과 선전적인 수사학으로부터 구별시켜준다. 이 시편은 진정한 예술작품의 시로서, 지나치게 직선적인 모든 직접(성)과 묵언의 고정된 틀(Manieriertheit)에서 분리시키려는 민감한 경계선 위에 서 있다.

이러한 시편들의 시적인 힘은 무엇보다도 그들의 기능 속에서

10) 역자 주 – 서양 음악에서 악곡 형식의 하나. 먼저 하나의 성부(聲部)가 으뜸조로 주제를 연주해 나가면 다른 성부가 그것을 모방하면서 되풀이하는 방법으로, 3성부, 4성부로 발전시키는 대위법(對位法)에 따르는 악곡이다. 바흐 때에 이르러 완성되었다.

11) 역자 주 – 관현악이나 관악 합주와 같이 여러 가지 악기로 연주하거나 합창이나 중창처럼 여러 사람이 다른 가락으로 노래를 부를 때 한눈에 전체의 곡을 볼 수 있도록 적은 악보.

탄원과 고발로서 표현된다. 기독교의 기도에 관한 문학에서 탄원이 거의 사라졌기 때문에 많은 기독교인이 이 탄원시편과 고발시편에 대하여 오해를 가지고 반응한다는 것은 놀랄 일이 아니다. 비록 예수께서 시편의 하나님 탄원을 외치며 운명했을지라도 말이다. "나의 하나님, 어찌하여 나를 버리셨나이까?"(시 22:2=막 15:35) 많은 기독교인과 교회의 공적인 예배의식은 우리의 기도 문화로부터 탄원을 삭제하고 있는 것처럼 보인다. 마르틴 루터는 다음에서 이것을 지적하고 있다.

> "만약 우리가 그리스도 안에서 일어나는 것을 끊임없이 우리에게 동일한 방법으로 전달한다면, 그것은 비방과 불평을 유발시킬 것이다. 당연히 우리의 비방과 불평과 비슷하게 대부분 그것은 그에게 어떤 의미에서 약한 본성의 충격 외에 아무것도 아니기 때문이다!"[12]

십자가상에서 예수의 죽음을 보고하고 있는 마가복음의 수난사화는 그것과 상반된다. 그 이야기 속에는 탄원을 통해 "인간의 인권"을 삽입하고 있다. 왜냐하면 예수의 탄원에 대한 대답으로 백부장 고백이 등장하고 있기 때문이다. "진실로 '이 사람'은 하나님의 아들이었다!"(막 15:39) 마가복음 15장에 적용된 시편 22편 본문에 나타난 요소들은 본래 시편에서와는 다른 순서를 따르고 있으며,

---

12) M. Luther, *Von wahrer und falscher Frömmigkeit. Auslegungen des 5. und 22. Psalms* (Stuttgart, 1977), 150.

전체적으로 시편 앞부분을 파괴하고 있다. 만약에 우리가 시편 22:2의 탄원에 근거하여 수난사화가 최종적으로 죽음 장면을 전개하는 방법을 관찰한다면, 마가복음이 시편 22편의 희망 가득한 결론을 서서히 약화시켜 소멸시킨다는 사실을 명백히 알게 된다.[13] "고난 당하는 의인"으로 마가복음 15장에 각인된 예수에 관한 이야기의 배경에서 시편 22:2는 예수가 탄원하는 신정론의 질문을 열어놓고 있다. 하나님에 대항하여 말하고 있는 모든 것을, 하나님을 고소하는 것을 하나님에 대한 전적인 의존(Festhalten)으로 이해하며 "진실로 이 사람은 하나님의 아들이었다!"고 말하고 있다(막 15:39).

사실 복수시편은 시로 이루어진 기도로서 하나님께 모든 것을 저항하여 말하는 하나님을 향한 열정적 의존의 신앙(Festhalten)이다. 그러므로 우리는 하나님을 의혹의 재(Asche) 중심에 그리고 인간에 대한 의심의 중심에 오히려 하나님에 대한 열정이 작열하고 있다는 점에서 복수시편을 **격정의 시편**(Eiferpsalmen)으로 바르게 언급할 수 있는 것이다. 이 시편들은 악과 악인들이 역사의 최종적 결정이 될 수 없다는 갈망의 표현이다. 왜냐하면 이 세계와 역사는

13) 시편 22편은 뒤에서부터 "읽혀지고 있다." 시 22:19를 막 15:24에서 수용하고 있다. 시 22:9는 막 15:30f.에서 삽입하고 있다. 시 22:8은 막 15:29에서 사용되고 있다. 시 22:2는 막 15:34에서 인용되어 번역되고 있다. 이러한 현상으로부터, 시 22편의 희망이 충만한 끝부분은 함께 읽혀져야만 한다는 사실을 결론으로 맺을 수 있다. 이것은 또한 막 15:37("예수는 큰 소리로 외치며 숨지시다")을 통하여 거부되고 있다.

하나님께 속해 있기 때문이다. 그래서 이 시편은 신학의 전문적 용어로 실제적 신정론이다. 그들은 하나님께 최종적인 결정을 맡김으로써 하나님을 정당화한다. 그들은 **그에게** 고난에 대한 탄원뿐만 아니라 고난의 원흉에 대한 심판을 탄원하고 있다. 그들은 **모든 것을**—더욱이 증오의 감정과 공격적인 태도까지도 그에게 일임하고 있다.

이 시편은 우리가 언제나 모든 민감함과 감정을 버리게 하는 인간의 척박한 상황으로부터 발생하는 것이 아니다. 그와는 반대이다. 만약에 우리의 아버지와 어머니가 되신 하나님께 말한다면—기도할 때 모든 것, 실제로 모든 것을 말할 수 있는 성서의 기본적인 신념을 통해서 이러한 시편들은 진지해진다. 두려움과 공격성이 폭력성을 극복하지 못하고 오히려 강화한다는 사실을 우리는 그동안 심리학에 의해서 배웠다. 두려움과 공격성을 의식하고 그들의 파괴성에 대항하여 행동함으로써, 두려움과 공격성을 가지고 살아가는 것을 배우는 것은 중요하다. 시편들이 이것을 위협적으로 부정하는 것이 아니라 오히려 하나님 앞에서 그것들을 표현하고 **그분의** 손에 맡기는 것이다. 사랑에 대한 모순으로서 불의와 죄로 고난 당하는 자, 그러므로 폭력과 인간에 대한 멸시가 종결되도록 하나님께 부르짖는 자는 구체적인 행위 속에서 하나님과 연대감을 형성하여 사랑으로 살아가는 것을 방해받지 않는다. **격정의 시편**(Eiferpsalmen)으로 기도하는 자는 이것을 눈먼 상태에서 행하는 것이 아니라 오히려 명확히 보고 있다.—하나님이 최종적으로 결정한다는 사실 그리고 그의 정의보다도 더 큰 것은 그의 사랑이라는 사실을 신뢰하면서! 그래서 폭력시편(Gewaltpsalmen)에 대하여 분노하는 사람은 이 시편을 거의 이해하지 못한 것이다.

귄터 아이히(Gnüter Eich)의 다음의 노래는 분명히 폭력시편에 속한다("꿈").

"무의미하다. 부질없다,
노래하자,
사람들이 우리 입에서 불릴 것이라고
생각하지 못했던 노래를 부르자!
행복이 없다,
모래뿐이다.
세상의 곡식에는 기름이 없다."

이 노래를 부르는 사람은 변화에 대한 외침을 노래하고 눈물 없는 세계에 대한 동경을 멜로디로 노래하고 있다. 일반적 우울함(Melancholie) 속에서, 눈물 없는 세계는 존재하지 않는다는 것을 항변과 저항의 노래로서 부르는 것이다. 그리고 이 모든 것은 전체적으로 삶에 대한 냉담한 자기만족과 하나님에 대한 소박한 충성을 노래하는 가날픈 멜로디에 역행되는 역동적인 노래로서 들린다. 격정의 시편의 노래는 날카롭고 충격적인 어조를 통해서 진부함(Banalität)과 삶의 어스러움에 침몰한 상실감(Geheimlosigkeit) 앞에서 우리를 보호하기 원하고 있다!

5. 복수시편-하나님의 계시?

우리가 지금까지 원수시편을 이해하기 위해 언급한 것들은 많은 동의를 얻을 수 있다. 그러나 근본적인 문제가 아직 남아 있다. 인간은 고난과 무기력이 절정인 상황에서 원수의 강한 위력과 관련하여 그의 위기를 탄원한다. 그리고 그의 원수가 해를 당하고 멸망되기를 소망한다. 이것은 우리 모두가 당면하는 인간적 한계의 표현과 결과로 허용할 수 있고 더 나아가 수용할 수 있는 것처럼 보인다. 그러나 이것이 기도 속에서 일어난다는 사실, 이것을 위해서 그의 하나님 되심(Gott-Sein)을 폭력성(Gewalttätigkeit) 속에서 증명해야만 하는 것을 하나님께 청한다는 사실, 이것이 우리가 하나님의 계시를 언급하는 성서 안에 있다는 사실, 그리고 우리에게 이러한 기도가 여전히 하나님의 이름으로 제시된다는 사실, 그 사실에 대하여 강력한 이의가, 적어도 기독교의 비평적·신학적 이의가 제기되어야만 하는 것인가? 폭력의 가능성을 최소화하기 위해서 우리는 30세기(dritten Jahrtausend) 문턱에서 모든 힘을 끝까지 소모할 필요가 없는 것일까? 최소한 인류의 위대한 종교들이 그들 고유의 전통 속에 자리 잡고 있는 **모든** 폭력의 관점을 자기 비평적으로 폭로하고, 폭력의 최종적 사실성을 통해서, 특별히 그들의 공식적인 본문 속에 폭력의 모든 관점에 반대하는 결정적인 시간이 된 것은 아닐까?

이 후자의 질문을 통해서 하나의 사실이 이미 명백해졌다. 이것은 유대교의 특별한 문제가 아니기 때문에, 기독교는 폭력의 관점이 유대교적 유산이라는 사실에 관한－물론 유대교의 유산으로부터 폭력의 관점은 충분히 자유롭지 못하다.－분쟁으로부터 벗어날 수 있다. 이것은 폭력시편과 관련하여 명시된 편견이거나 암시적 편견이다. 더욱이 이 편견은 이 시편들을 '하위의 기독교적인', '비기독교적인' 그리고 '기독교 이전의' 것으로 거부하는(비교. 위에서 언급한 I.3) 입장을 취하고 있다. '폭력 또는 하나님의 폭력＝구약성서, 유대교' 그리고 '비폭력 또는 하나님의 비폭력＝신약성서, 기독교'란 분리는 성서의 본문에 상응하지 않으며 역사에도 상응하지도 않는다는 사실이 명백하기 때문에 우리는 이런 미련한 인습적 사고가 항상 다시 일어나는 현상에 놀라지 않을 수 없다. 새로운 변화의 사조 속에서(이미 마르키온에 의해서 발전한 주제의 핵심으로서) 이러한 입장은 현재 신학자들에 의해 선언되었다. 이 신학자들은 신약성서에 나타나 있는 예수의 말씀에서 발견되는 폭력에 대한 표현을, 예수의 근본적인 복음을 전형적인 구약성서적-유대교적인 색깔로 기록한 신약성서의 저자들을 통해서 설명하고 있다. 그 결과 기독교는 철저히 '탈 유대교화'(entjudasiert) 되어야만 한다는 사실에 이르렀다.[14] 비폭력과 사랑의 '새 술'은 예수의 유대 제자들이 갖고 있는 '낡은 가죽 부대'로부터 해방되

어야만 한다.[15)]

한편으로 신약성서와 구약성서 또는 예수와 유대교의 대구(Antithese)는 성서의 본문과 위배된다는 사실과 다른 한편으로 폭력에 관한 성서의 본문이 신약성서에서뿐만 아니라, 첫 언약의 책에도 나타나 있는(어쩌면 더욱이 강조되고 있는) 폭력에 대한 비판적인 구절들과 긴장감을 이룬다는 사실은 우리에게 – 문제는 '모든' 종교에 폭력이 존재한다는 사실을 보여주고 있다는 인식과 함께 – 이 문제에 접근할 수 있는 출발점을 제시하고 있다.

두 성서가 하나님의 폭력뿐만 아니라 폭력의 종결을 간청하고

---

14) "신-마르키니즘"(Neo-Markionismus)에 관한 논쟁을 위해서, 비교. E. Zenger, *Am Fuß des Sinai*, 20-27.

15) 더 나은 "새" 술에 관한 상투어가 이와 관련하여 얼마나 밀접하게 관련되는지를 훈더(V. Huonder)는 그의 책 『시편』에서 보여주고 있다. 인용하면 다음과 같다. "죄 용서를 선언하는 본문은 성서의 한 요소이다. 이 본문은 그것을 통해서 우리가 하나님의 말씀으로 거룩하게 보존하는 신앙의 유산을 형성하고 있다. 그러나 우리가 어떻게 그들을 이해해야만 하는가? 이 분문은 성서의 구원사에 관한 성찰 중 어느 곳에 포함되는가? 고무적인 본문이 단순히 시간을 초월하여 불멸한가? 이러한 질문들은 비슷한 표현들의 관점에서 무엇보다도 예수가 성서에서 요구하는 것은 시간이 상황에 관련될 수 있다는 것을 그리고 무엇보다도 '시간의 성취' 속에 상대화될 수 있다는 것을 보여준 후 우리를 감동시킨다. 사람들은 언제나 그의 말씀, 새 술은 새 부대에 담아야 한다는 것을 기억한다"(188). 이 인용된 예수 그리스도의 말씀(비교. 마 9:16f.)은 우선 귀중한(!) 낡은 가죽 부대는 아직 발효하고 있는 초기의 술을 – 그리고 또한 당연히 낡은 가죽 부대에서 익어가고 있는 이 초기의 술을 보호하기 원한다. 옛 술은 새 술/초기의 술보다 낫다는 사실을 예수는 더욱이 눅 5:38에서 강조하여 말하고 있다.

있다는 사실은 우리에게 하나님의 직접적인 말씀 선포라는 의미에서의 계시가 아니라 오히려 "**사람들의 언어 속에 있는 하나님의 말씀**"이라는 신학의 기본적인 진리를 상기시킨다.[16] 이러한 근본적인 공리(Grundaxiom)는 성서 본문의 해석을 위하여 영향력 있는 결론이 되고 있다.

본문을 다루는 근본적인 처리방법이 두 가지 (서로 상반되는) 방법 안에서 서로 배타적이라는 사실이 중요한 결론이다. 계시에 대한 근본주의적인 이해로부터 모든 본문이 동일한 방법 안에서 규범적으로 변호되거나("하나님의 말씀을 간과하다!"), 또는 정해진 몇몇의 본문들은 성서의 요구와－'하나님의 계시'가 존재함－화합되지 않고 분리된다. 이와 같은 근본주의적 출발점으로부터 사람들은 전체적으로 일련의 본문을 첫 번째 언약으로부터뿐만 아니라 새 언약으로부터 분리한다. 우리는 이와 관련하여 세 가지 예를 들을 수 있다.

고린도전서에서 바울이 명예에 관하여 말하고 있는 것은 (많은 신학자들이 천년 동안 기독교의 규범으로 간주하고 대부분 교회의 공식적인 자료로 고무적으로 소유하고 있는 것) '선포된'(verbal) 하나님의 말씀으로서 전혀 수용할 수 없다는 것이다.

"너희가 쓴 문제에 대하여 말하면 남자가 여자를 가까이 아니함이

16) 비교. 그 외에 교황청의 성서 위원회의 새로운 자료에 대한 중요한 안내 "Die Interpretation der Bibel in der Kirche," 1993.

좋으나 음행을 피하기 위하여 남자마다 자기 아내를 두고 여자마다 자기 남편을 두라. 남편은 그 아내에 대한 의무를 다하고 아내도 그 남편에게 그렇게 할지라. 아내는 자기 몸을 주장하지 못하고 오직 그 남편이 하며 남편도 그와 같이 자기 몸을 주장하지 못하고 오직 그 아내가 하나니, 서로 분방하지 말라 다만 기도할 틈을 얻기 위하여 합의상 얼마 동안은 하되 다시 합하라. 이는 너희가 절제 못함으로 말미암아 사탄이 너희를 시험하지 못하게 하려 함이라. 그러나 내가 이 말을 함은 허락이요 명령은 아니니라. 나는 모든 사람이 나와 같기를 원하노라. 그러나 각각 하나님께 받은 자기의 은사가 있으니 이 사람은 이러하고 저 사람은 저러하니라"(고전 7:1-7).

이와 유사하게 성서의 계시를 근본주의적으로 이해할 것이라면 차라리 첫번째 언약에 나타나는 전쟁과 멸망에 관한 본문에서 계시의 특징을 거부했어야 했다(좀 더 풀어서 말해보자. 우리는 교회 역사에서 무엇보다도 선교의 상황에서 전쟁과 멸망에 관한 성서의 본문은 근본주의적 관점에서 해석함으로 오류를 범했다. 예를 들면 남아프리카와 라틴아메리카에서 그들의 원시-종교를 충격적인 종교로 규명해 왔는데, 이에 관한 근거를 성서 본문이 제시해 주고 있다고 생각했다. 즉 성서적 하나님의 '계명'에 따라 이 대륙의 종교는 멸절의 대상으로 이해되었다.). 나는 한 예로서 이스라엘에 대한 하나님 사랑(!)에 관한 신학이 멸망의 충격적인 환상과 관련되어 있는 신명기서 7장을 인용하고자 한다.

"네 하나님 여호와께서 너를 인도하사 네가 가서 차지할 땅으로 들이시고 네 앞에서 여러 민족 헷 족속과 기르가스 족속과 아모리 족속과 가나안 족속과 브리스 족속과 히위 족속과 여부스 족속 곧 너보다 많고 힘이 센 일곱 족속을 쫓아내실 때에, 네 하나님 여호와께서 그들을 네게 넘겨 네게 치게 하시리니 그때에 너는 그들을 진멸할 것이라. 그들과 어떤 언약도 하지 말 것이요 그들을 불쌍히 여기지도 말 것이며, 또 그들과 혼인하지도 말지니 네 딸을 그들의 아들에게 주지 말 것이요 그들의 딸도 네 며느리로 삼지 말 것은, 그가 네 아들을 유혹하여 그가 여호와를 떠나고 다른 신들을 섬기게 하므로 여호와께서 너희에게 진노하사 갑자기 너희를 멸하실 것임이니라. 오직 너희가 그들에게 행할 것은 이러하니 그들의 제단을 헐며 주상을 깨뜨리며 아세라 목상을 찍으며 조각한 우상들을 불사를 것이니라. 너는 여호와 네 하나님의 성민이라 네 하나님 여호와께서 지상 만민 중에서 너를 자기 기업의 백성으로 택하셨나니, 여호와께서 너희를 기뻐하시고 너희를 택하심은 너희가 다른 민족보다 수효가 많기 때문이 아니니라 너희는 오히려 모든 민족 중에 가장 적으니라. 여호와께서 다만 너희를 사랑하심으로 말미암아, … 네 하나님 여호와께서 네게 넘겨주신 모든 민족을 네 눈이 긍휼히 여기지 말고 진멸하며 그들의 신을 섬기지 말라 그것이 네게 올무가 되리라"(신 7:1-8:16).

근본주의적 의미에서 성서의 본문이 문자 그대로 계시된 하나님의 말씀이 될 수 없다는 명백한 세 번째 보기를 나는 다시 한 번 신약성서에서 제시하고자 한다. 바울은 고린도후서 3:4-4:6에서 그의 유대기독교 적대자와 구약성서에 관한 논쟁 중 특히 출애굽기 34:29-35에 관하여 논쟁하고 있다. 그리고 그가 여기서 논쟁하고 있은 것을 우리는 구약성서의 역사에 대한 공개적이며 권위적인 해석으로 평가하는 것이 아니라 오히려 선한 목적 안에 있는 경건한 속임수로[17] 평가해야만 한다. 물론 이 평가는 동시에 불행한 영향력의 역사를 통해서 이루어져야만 한다.

> "우리가 이 같은 소망이 있으므로 담대히 말하노니, 우리는 모세가 이스라엘 자손들에게 장차 없어질 것의 결국을 주목하지 못하게 하려고 '수건을 그 얼굴에 쓴 것 같이' 아니하노라. 그러나 그들의 마음이 완고하여 오늘까지도 구약을 읽을 때에 그 수건이 벗겨지지 아니하고 있으니 그 수건은 그리스도 안에서 없어질 것이라. 오늘까지

17) 비교. zur Deutung H.-J. Klauck, *2. Korintherbrief*, NEB. NT 8(Würzburg, 1986), 39: "모세 얼굴의 덮개는 종교사적으로 보면 고대 근동의 제사장 마스크로부터 유래된다. 성전으로부터 나올 때 이러한 마스크를 쓰는 제사장은 성스러운 역할을 훌륭히 해내고 신탁을 그들의 도시에 선포한다. 이러한 관습은 출 34장의 논쟁으로 반전되었다. 모세는 하나님의 말씀을 선포한 후에, 덮개(Hülle)를 쓰고 있고 오히려 재차 성전으로 들어간다. 광채의 퇴색(Verblassen)에 관하여 구약성서에서 언급되지 않고 있다. 바울은 이것을 주석하고 있다. 만약 사람이 경건한 속임수의 의미로 이해하는 이러한 번역에 머문다면, 모세는 광채가 단지 짧은 순간에만 머문다는 사실을 감춘다. 바울은 이것을 폭로하기를 원하고 있다."

모세의 글을 읽을 때에 수건이 그 마음을 덮었도다. 그러나 언제든지 주께로 돌아가면 '그 수건이 벗겨지리라' …"(고후 3:12-16).

이 세 개의 본문에 관하여 근본주의적 성서절대주의(Biblizismus)를 넘어서 본문들(성서 전체!)을 하나님의 계시로 들을 수 있는 책임 있는 신학적 방법은 무엇인가? 나에게는 다음의 다섯 가지 측면이 중요하고 포기할 수 없는 것처럼 보인다.

(1) 성서 본문의 계시의 권위는 여전히 단계적으로 발전하며 넓게 확장되고 있는 계시의 전형(Muster)에 따라서 형성되는 것이 아니다. 이러한 견해에 따르면 소위 문제로 느껴지는 구약성서 본문에서 아직 성취되지 않은 계시를 신약성서에서는 성취된 계시의 단계로 반영하고 있는 것이다. 이러한 사실은 성서 본문의 소견 자체와 모순된다는 사실을 위에서 인용한 신약성서의 두 가지 예가 입증하고 있다. 고린도전서 7:1-7보다 구약성서의 아가와 창세기 2:4b-25의 객관적 해석이 우리에게 신학적으로 넓게 수용될 수 있는 성(Sexualität)과 부부에 관한 관점을 제시할 수 있다는 사실을 누가 주장할 수 있는가? 주장할 수 없다. 성서의 개별적인 본문과 오늘 우리가 성서의 근본적인 복음으로 듣는 것 사이에는 멀고 가까운 매우 다양한 간격이 형성되어 있다는 사실은 기독교 성서의 **신약과 구약**에게 동일하게 해당된다.

(2) 본문 안에 있는 계시에 관한 논의를 시작하기 전에 역사비평의 도움으로 본문이 그들의 발생 시기에 청중/독자에게 말하고자

한 것을 **이해하기 위해** 우리는 노력해야만 한다. 본문들은 시간을 초월한 진리로 형성될 수 없고, 오히려 전체적으로 특별한 사회적이고 종교사적인 상황 속에서 형성될 수 있다. 오직 본래 오늘의 상황이 반영될 때 본문은 이해될 수 있다. 이것은 모든 성서 본문에 해당되며 우리가 다루기 힘든 본문의 경우에도 해당된다.[18]

(3) 성서 본문은 언제나 성서 전체 또는 정경 전체의 부분적인 본문이다. 예로 인용된 세 개의 본문은 상반되거나 적어도 극도의 한계를 표현하고 있는 다른 성서의 본문들과 아무 문제없이 비교될 수 있다. 여기서 개별 본문들은 절대화될 수 없고 오히려 언제나 다른 본문과 동일한 주제로 대화를 나눌 수 있다. 다음에서 방법론적 부분을 지적할 수 있다. 성서의 본문은 정경으로 들려져야만 한다. 동일한 주제를 위한 본문은 상호 간에 해석이 가능하다. 모든 본문은 부분으로서 제한된 표현의 힘을 지니고 있다. 각각 개별적인 저자가 의도하는 의미를 넘어서는 **깊은 의미**(sensus plenior)를 그들은 전체로서의 성서 안에 보유하고 있다.

(4) 개별적인 본문의 의미는 또한 공동체의 신앙과 삶의 정황으로부터 해석될 수 있다. 이 공동체 안에서 그리고 이 공동체를 위해서 본문이 정경의 최종에 이르게 된다. 그러므로 동일한 본문은 유대교에서 그리고 기독교에서 서로 다른 계시의 균형을 가질 수

18) "하나님은 사랑이시라"(요일 4:8, 16)처럼 중요한 문장 자체도 단지 전후문맥의 관점에서만 "진실"이다. 이 문장은 기독교 역사에서 잘 알려진 것처럼 종종 "비-진실"로 사용되었다.

있다. 또한 본문은 서로 다른 시간과 서로 다른 장소에서 각각 다르게 강조되는 진리를 증거할 수 있다. 만약 그 계시의 특징을 살펴보면 개별 본문이 유대교와 기독교 역사 속에서 경험한 영향사와 수용사를 함께 고려할 수 있다. 주어진 상황에서 신명기 7장 그리고 고린도후서 3:4-4:6처럼 구조적으로 자유로운 개별 본문은 전체적으로 보면 다음과 같은 파괴적 수용을 경험할 수 있다. 이러한 부정적 수용의 역사 인식은 본문들의 계시 영역에 추가된다는 것이다.

(5) 엄밀히 말하면 성서의 개별 본문은 하나님의 계시가 아니다. 하지만 성서는 계시의 기록이고 하늘에 의해서 내려진 영원한 진리이다. 오직 **성서는 전체로서** 하나님의 계시이다. 다시 말하면 성서는 하나님이 그의 백성 이스라엘과 교회를, 개개의 인간과 모든 세계를 그와 직면하게 하기 때문에 그들은 그들 스스로 그리고 하나님과의 공동체/결속을 모색하기 시작한 사건에 관한 문자의 기록과 반영이다. 이것이 유대교와 기독교의 성서의 계시이다. "우리가 하나님에 관하여 경험하는 것들 속에서 우리는 자기 스스로를 이해하는 것과 진실한 인간이 되는 것을 배운다."[19] 성서는 다양하게 인간을 부르시고 위로하시는 하나님 증언으로, 하나님을 통해서 실천하게 되는 하나님-찾기의 환상적 과정으로 인도한다. 성서를 하나님의 계시로 수용하는 것은 성서의 개별 본문과의 대화 속

19) L. Baeck, *Das Wesen des Judentums 1906*(Wiesbaden, ^{7}o. J.), 31.

에서 열려 있는 하나님-찾기의 길에서 전개되는 것이다. 위르겐 베르비크(Jürgen Werbick)는 이러한 과정을 설명하고 있다.

> "하나님이 자기계시 속에서 해명되고 길을 내며 알려지는 과정 속에 숨겨 있는 매력은 신앙의 확신을 형성한다. 하나님을 찾는 자는 하나님을 발견한다. 그렇다. 그는 그를 찾는 자들을 찾고, 어떻게 그의 구원의 통치가 세상에 도래할 수 있을지 그리고 그들을 변화시킬 수 있는지를 그들과 함께(mit) 그들 안에서(in) 찾기 위해 노력한다. 하나님을 하나님과 함께 찾는 것 그와 함께 노력하는 것, 그것은 하나의 모험이다. 왜냐하면 우리는 우리가 찾는 것을 이미 갖고 있기 때문이다. 그리고 우리는 계속해서 찾고 질문한다. 이것은 하나의 모험이다. 왜냐하면 우리는 우리가 질문하는 것을 이미 발견했기 때문이다. 그리고 우리는 이미 발견한 것, 기쁘지만 완성에 이르지 않은, 그러므로 냉철한 신뢰에 근거하여 그것을 지속적으로 찾기 위해 지속적으로 노력해야 한다. 이것이 사랑의 기본원칙이다."[20]

이 다섯 가지 고민의 배경 속에는 다양한 상황과 기능 속에 있는 복수시편들이 성서 계시의 역동성에 참여하고 있다. 날마다의 폭력과 테러를 무해한 것으로 만드는 것, 또는 위협과 폭력으로 인한

20) J. Werbick, "Der Streit um den Begriff der Offenbarung und die fundamentalistische Versuchung der Theologie," J. Werbick, ed., *Offenbarungsanspruch und fundamentalistische Versuchung*(QD 129, Freiburg, 1991), 32f.

인간의 고통을 부차적인 것으로 간주하는 것 그리고 예를 들어 공적인 예배에서 영성을 강조하는 신학 경향과는 달리 이 시편들은 우리를 폭력의 실체 앞에, 고난의 원인에 대한 질문 앞에 무엇보다도 하나님의 심판 앞에 대면시킨다. 동시에 이 시편들은 우리에게 우리 스스로가 폭력적이며 시편에서 탄원하는 고난의 원인을 죄에 대한 고백으로 자주 강요한다. 우리가 사는 이 세상에는 고난이 존재한다는 것을, 그 고난의 상황 속에 이 시편은 고난 당하는 자들에게 인간의 저항(Protest), 탄원 그리고 도움을 향한 외침으로 남겨진 최종적이라는 것을 우리에게 보여준다는 점에서, 그리고 하나님 자신이 그의 계시 안에서 고난과 관련하여 우리와 충돌한다는 것을 보여준다는 점에서 시편은 하나님의 계시이다. 이 시편을 하나님의 심판 아래 설 각오에 관한 표현으로 이해하는 것을 제외하고－이 시편들이 희생자에게는 상황적으로 합법적이지만 사형집행인(死刑執行人/Henker)에게는 신성모독(Blasphemie)이 된다는 사실이 자동적으로 발생한다.

이 시편들은 다양한 계시의 영역/범주를 지니고 있다. 그 이유 때문에 그들은 성서로부터 삭제할 수 없다.

(1) 이 시편들은 강한 폭력(Übermacht)과 관련하여 고난 앞에 말을 잃고 냉담해진 상황 앞에서－또는 스스로 이해하기 어려운 하나님의 진노의 속죄양(Sündenböcke)으로서 느끼는 상황 앞에서 폭력의 희생자를 보호할 수 있다. 그들이 하나님께 저항하여 하나님과 함께 정의를 위해 투쟁할 때 실제적 힘을 통해서 스스로 대답할

수 있는 것처럼 그들은 불리한 하나님 질문을 던질 수 있다.

(2) 그들은(이러한 시편들－역자 주) 사회생활의 실제로서 폭력의 가능성을 폭로하고 도움과 변화를 간청하고 있다. 그들의 격앙되고 충격적인 묘사 안에는 선동적·적대적, 그리고 폭력적으로 경험되는 이 세계의 분노를 통렬하게 표현하고 있다.－그러나 선한 하나님에 대한 관점에서뿐만 아니라 인간의 구원에 관한 열망과 조화의 관점에서도 이 시편들은 분노를 선동하고 있는 것이 아니라 오히려 인간과 세상에 대한 분노 자체이다. 그렇기 때문에 그들은 이 시편들을 사용하여 그들은 하나님과 분노로 대면하고 있다.

(3) 성서의 부분적인 본문으로서 복수시편들은 폭력에 대한 반응으로서 폭력과 싸우는 폭력을 극복하기 위한 방법으로서 폭력포기(비폭력)를 언급한다. 더욱이 정의와 평화의 하나님 나라 도래를 통해서 적대감(Feindschaft)의 종말을 꿈꾸는 성서의 다른 본문들과 나란히 존재한다. 이러한 '반폭력 본문'은 신약성서에서 발견될 뿐만 아니라, 특별히 '구약'/첫 언약에서도 다양하게 발견되고 있다. 또한 이러한 본문은 그들의 변화되는 사회의 영향력을 보여준다. －특별히 성서의 '폭력에 관한 본문'과 직면하여－우리는 이 상황을 고려하며 이 본문을 읽고 경험할 수 있어야 한다.

이러한 의미심장한 차별화(Differenzierung)를 통해서 비판적·무비판적인 근본주의적 흑백논리가 극복된다는 사실이 비로소 명백해진다. 만약 성서가 하나님의 계시로 삶의 다양함과 다양성 속에서 하나님과 직면해야만 한다면, 개별 본문의 복합체(Komplexität) 성서는 정경 전체성 속에 살아 있고 최종적인 언어로 존재해야만 한다.

V. 실천을 위한 결론

1. 예배 기도에서 탄원의 재생

복수시편들은 폭력, 정확히 말하면 본질적인 삶의 실제로서 일상의 구조적인 폭력과 우리를 대면시킨다. 우리가 이미 IV. 5에서 말한 것처럼 복수시편은 하나님의 계시로서 그들의 기능을 담당하고 있다. 동시에 그들의 기능은 임상 심리학자 우도 라우흐플라이쉬(Udo Rauchfleisch)가 보여주고 있는 것처럼 우리가 그것에 대하여 '아니오'를 말하는 것을 배우고, 이러한 '아니오'를 넘어서 폭력과 적대감의 최소화에 우리가 참여하는 것이다.

> "만약 우리가 이러한 일상의 측면으로부터 주제에 접근한다면 – 그리고 확실히 충격적으로 – 폭력은 언제나 결코 '다른 것들'과 관련

있는 것이 아니다. 뜻밖에 우리는 스스로 더 정확히 말하면 각각 우리에 의해서 우리의 방법으로 폭력의 희생자일 뿐만 아니라, 또한 행위자이다. … 폭력 없는 세상에 대한 소망은 커지지만 이러한 계획은 극도로 비현실적이다. 공격성은 그들의 파괴적인 형식에서처럼 그들이 본질적인 형식에서 인간의 기본 장비(Grundausstattung)에 속한다. 그래서 우리는 끊임없이 우리 자체 내에서 그리고 주변 사람들 안에서 폭력을 예상해야만 한다. 그 외에 우리는 전적으로 이러한 폭력에 도움도 없이 속수무책으로 내팽겨지는 것이 아니라 오히려 다양한 방법으로 그것을 다루고 역동적인 발전을 도모한다. 그리고 그것을 통해서 가장 악한 것들로부터 보호하는 다양한 가능성을 소유한다. 이러한 현상에 더욱 주목할수록 우리는 더욱 능력 있는 것이다.－그리고 다시 말하면 최종적인 의미에서, 우리 자체 내에 잠재적 폭력성이 의식적일수록 … 폭력은 우리 뒤에 서서 우리를 위협하며, 더욱이 이미 우리를 소유하고 우리를 그들에게 봉사하도록 강요하고 있다. 그럼에도 불구하고 우리는 파괴로 채워진 이 세계에 더 나은 미래에 대한 비전을 제시하며 폭력을 대신해서 작은 희망의 불꽃을 우리 안에 생동감 있게 보유함으로 그것이 성공적이기를 소망할 수 있다."[1)]

성서의 원수시편들은 격차를 의식하지 않고 폭력에 대하여 분석

1) U. Rauchfleisch, *Allgegenwart von Gewalt*(Göttingen, 1992, 8), 242-244.

적으로 담판지으며 오히려 탄원과 고소의 형식 속에서 논쟁하고 있다. 더 정확히 말해서 폭력의 파괴력에 대한 탄원뿐만 아니라 폭력의 행위자를 고발하는 담판 속에서, 하나님에 대한 열정적인 질문의 반복이라는 형식 속에서 담판짓고 있다. 엄밀히 말하면 소위 말하는 신정론 문제(Theodizeeproblem)와 관련하여 하나님 자신에 대한 고발을 다루는 복수시편은 인간 실존의 재앙과 혼미한(Gebrochenheit) 고난을 통해 왜곡된 세계 속으로의 편입을 표현하고 있을 뿐만 아니라 그것을 통해서 강요되는 존재에 대한 동의(Daseinzustimmung)의 부정을 참아낸다. 원수시편이 하나님 자신에게 이러한 부정을 탄원하고 고발하며 제시한다. 이러한 관점에서 원수시편은 기도의 가장 심오한 형식이다. 그들은 하나님을 지향하여 그들의 손을 내어 뻗고 있으며 하나님께 저항하며 주저 없이 모든 말로 표현하는 것처럼 보인다. 시인들이 하나님께 저항하여 모든 것을 말하는 곳에서 그들은 하나님을 향하여 모든 것을 말하는 것이다.

성서의 원수시편에 있는 이러한 능력(Leistungsfähigkeit)을 이해하기 위해서 우리는 예배의 기도 문화 속에서 탄원을 새롭게 발견해야 한다. 1987년 기독교의 기도에 관한 실제와 설득력 있는 신학적 분석인, 「탄원. 잃어버린 기도의 형식」(*Klage. Eine vergessene Gebetsform*)에서 오트마 푹스(Ottmar Fuchs)는 조직신학자 오스왈드 바이어(Oswald Bayer)가 이미 몇 해 전에 주장한 것을 인용하고 있다.

"사실 교회와 그리스도인의 일상에서 탄원은 특별한 형식을 갖출 필요 없이 필수적으로 분출되는 것이었다. 그러나 오래 전부터 탄원은 교회의 예배에서 거의 퇴색되었고 그리스도인들의 일상에서 밀려났다. 끝으로 탄원의 신학적 영향을 전적으로 간과했다. 물론 교회의 본래적 기도로서 이스라엘의 시편의 탄원이 실제로 사라지진 않았다. 그러나 탄원의 근본적 의미는 예배의식과 신학에서 결코 고려되지 못했다. 오늘날까지 탄원은 교리와 윤리에서 중요한 의미를 형성하지 못했고 신학과 교회에 관한 안내서(Handbücher)와 사전에서 그 개념이 조직화되지 못하고 누락되었다."[2]

여기서 우리가 예배의식의 변화를 유도해야만 하는 논점이 언급된다. 물론 우리는 예배의식에서 탄원시편을 낭독한다. 그러나 그 탄원시편을 **하나님에 대한 탄원과 고발로** 실제화하지 않는다. 왜냐하면 이러한 기도 형식은 사실상 예배 의식으로 계획되지 않았고 하나님에 대한 고발은 엄격한 의미에서 기독교 기도의 합법적인 형태로 간주되지 않기 때문이다. 푹스(O. Fuchs)는 언급된 연구에서, 예를 들면, 우리의 기도와 찬양집인 "하나님 찬양"(17-42쪽)의 '개인적인 기도' 단락에서 탄원이 나타나지 않는다는 것을 지적하고 있다.

2) O. Bayer, "Erhörte Klage," *NZSTh* 25(1983), 260.

"… 그 탄원을 형식화된 탄원기도로 그리고 그러한 언어 행위로 수용하는 것 그리고 그것으로 인해 (독일교회의 공식적인 기도 책에서) 마치 교회의 허가를 받아야 하나님과의 영적인 관계를 인정받는 것으로 느끼는 이러한 오류는 왜 그리고 어디서 오는 것일까? 이 기도 자체는 물론 개인의 고난과 이에 상응하는 시인의 반응을 언급하고, 빠르게 신뢰의 청원을 인도한다. 순종(Ergebung)까지 모든 것을 참아내는 것을 인도한다! 전체적으로 이 기도는 질문과 탄원의 과정을 그들의 공격적인 방법으로 완화시킬 수 없고 진정시킬 수 없다. 오히려 강한 투쟁에 대한 두려움으로 이 논쟁을 위협하며 은폐한다. 이러한 질문과 탄원의 부재 현상은 고난 받는 자의 상황을 이해하는 것도 아니며, 성서 장르를 진지하게 수용하는 것도 아니다!"[3)]

그래서 탄원을 필수적이며 합리적인 기도의 형태로 다시금 예배의 한 부분으로 도입하는 것이 중요하다. 기독교 조직신학자 오스왈드 바이어(Oswald Bayer)는 그것을 위해서 무엇보다도, (가톨릭의) 성찬식(Eucharistiefeier)에서 개정이 절박하게 필요함을 주장한다. 그는 탄원의 형태로 새로운 생명력을 소유할 수 있는 예배의식의 두 가지 입장을 제안한다.

3) O. Fuchs, "Klage. Eine vergessene Gebetsform," H. Becker/B. Einig/P.-O. Ullrich, ed., *Im Angesicht des Todes. Ein interdisziplinäres Kompendium II*(St. Ottilien, 1987), 944.

"교회의 본질은 교회가 처음부터 모든 인간과 연대감을 가지는 것이다. 이러한 연대감은 특별히 질문과 탄원 속에 있다. 예수 그리스도의 공동체는 이스라엘 시편의 질문과 탄원에서 가장 깊은 연대감에 이를 수 있다. 이것은 특별히 '주여!'(Kyrie!), 깊은 외침: '주여 불쌍히 여기소서!'와 관련하여 그리고 신학의 반영과 실제 예배의 모든 결론이 청원 기도 안에서 함께 이루어져야만 한다."[4)]

만약에 예배가 시작될 때 소위 말하는 일반적인 죄의 고백이 죄에 대한 고통뿐만 아니라 회의론자와 병든 자, 쫓기는 자와 죽음에 직면한 자의 고난과 고통을 탄원한다면 – 더욱이 성서의 탄원시편으로 간구한다면, 우리가 위에서 메츠(J. B. Metz)의 견해와 관련하여 비평한 고난에 민감한 기독교에서 죄에 민감한 기독교로의 변형(Metamorphose)은 여기서 근본적으로 개정될 수 있다. 그리고 만약 청원(Fürbitte)이 더욱 철저하게 신정론 탄원으로 표현된다면, 소위 말하는 청원은 더 큰 신학적인 깊이를 소유한다. 우리가 탄원을 기도로 경험한다면, 그 기도 속에서 다른 사람들의 고난을 듣고 함께 고통을 나눈다면, 우리는 성서의 원수시편을 하나님의 진리를 위한 열정적 투쟁으로 수용하는 것을 배울 것이다. 그러므로 나는 본(Bonn) 출신의 목회신학자 비터(G. Bitter)가 받은 깊은 인상을 그의 글을 통해서 소개하고자 한다.

4) O. Bayer, "Erhörte Klage," 271.

"나는 나와 우리 공동체를 위해서－우리의 명백한 무감각(Apathie)에 반대하여, 하나님에 대한 수동적인 두려움에 반대하여, 이러한 하나님에 대한 우리의 실망과 우리 자신의 무력한 저항의 관점에서 탄원하는 시인들의 새로운 삶을 소원한다."[5)]

2. 상황의 시로서 시편을 가르치고 재연하기

전체적으로 시편이 그리고 원수시편이 독특한 시적인 기도라는 것은(비교. 위의 IV.4) 그들과 예배의 관련성을 말한다. 확실히 개별적인 시인의 시편 본문과의 즉흥적인, 직감적인 그리고 명상적인 만남이 존재한다. 이것은 상황과 성향에 따라서 서로 다르다. 그러나 시편이 공동체의 기도로(예를 들면, 성무일도 또는 성찬식에서) 사용되는 곳에서 가르침(Einbüng)과 명백한 예배의식에 대한 재연이 요구된다.

가르침은 시로서의 시편을 위한 예민한 감수성(Sensibilisierung)으로, 다시 말하면 그들의 영상언어(Bildsprache)와 형상을 위한 감수성으로 시작한다. 그 전제는 시적인 번역과 시의 경우처럼 시편 구조에서 기도의 역동성을 재현하는 표현에 대한 강조이다. 두 경우 우리의 '통일된 번역'은 그 절실한 요구를 채워주지 않는다.

5) G. Bitter, "Wie kann ein ohnmächtiger Glaube wieder lebenskräftig werden?," *Lebendiges Zeugnis* 39(1984), 60.

예배의식의 재연은, 그것이 낭독이든 혹은 찬양이든 충분한 준비가 고려되어야 한다. 한 시편에서 탄원, 간청 그리고 희망에 관한 고백을 위해 동일한 멜로디를 사용하고 있는 대부분 통례적인 교창(Wechselgesang)은 거의 적합하지 않다. 선창자가 낭독하고 공동체는 시편 구조에서 볼 수 있는 구조-단락(전환점)에 알맞은 시편 구절을 노래하거나 낭독하는 것이 더욱 적절하다. 시편구절 다시 말하면 공동체 미사의 교창(Antiphon)은 각각의 시편이 하나님의 계시(비교. IV.5)가 되기를 원하며 또한 계시가 될 수 있는 상황의 전후 관계를 부각시킬 수 있다.

시편을 시로써 파악하는 관점으로부터 개별적인 시편 구절들을 누락하고 그것을 통해서 시편을 '예술작품'으로 전락시키는 것이 자행되었다는 사실을 우리는 이미 II.1에서 일반적으로 고찰했고, III.2와 III.5에서는 시편 139편과 137편을 그 본문으로서 증명하였다. 공동체를 위한 시편의 선택이 제한적이라는 것은 목회적인 현실이다. 동시에 그 선택은 특별한 민감성을 통해서 일어난다. 당연히 모든 저항적 음색을 아껴야 하는 선택이 종교적으로 의미 있는 것도 아니며, 신학적으로 합리적인 것도 아니다. 나의 견해로 교회의 '공적인'(amtlich) 성무일도에서 어떤 기도도 생략될 수 없고 누락될 필요도 없다.

사람들이 몇 가지 묘사의 의미론적 충격을 완화하고, 미학적 수용(rezeptionsästhetisch)으로 이해하여 잘못된 함의(Konnotation)를 형성한 몇 가지 고찰을 우리는 수정할 수 있다. 이것이 가능하기 때문에 예배의 본문에서 자유로운 해석이 가능하고 각주에서 문자대로 본문이 인용되며 설명되는 것이다. 나는 이것을 두 가지 예문에서 해석할 것이다.

그 행위에서 의미론적으로 충격적인 단락 시편 137:7-9를 문자 그대로 직역하면 다음과 같다(비교. III.5).

> 여호와여 에돔 자손을
> 예루살렘의 날을 기억하소서!
> 그들의 말하였나이다: "헐어 버리라 헐어 버리라 그 기초까지 헐어 버리라!"
> 딸 바벨론아, 너 폭력적인 행위자:
> 우리에게 행한 대로 네게 갚는 자에게 복이 있으리로다!
> 네 어린 것들을 바위에 메어치는 자에게 복이 있으리로다!

III.5에 우리에게 주어진 해석을 배경으로 나는 문제가 되는 시편 단락을 본문과 아주 가까운 언어들로 재해석하였다.

> 딸 바벨론아, 너 폭력적인 행위자:
> 우리에게 행한 너의 행위 때문에 너를 법정에 고발하는 자에게 복이 있으리로다!
> 너를 엄습하며 너의 주권을 영원히 끝내는 자에게 복이 있으리로다!

우리는 이 시편 전체를 세 단락으로 낭독하고 노래할 수 있다. 1-3, 4-6, 7-9절. 공동체가 노래한다면 1절은 교창이 될 수 있다.

만약 주제와 관련하여 거의 동일시되는 다른 비유가 선택된다면 시편 58:11이 유발시키는(비교. III.3) 의미론적인 충격은 완화될 수 있다.

> 의인이 악인의 보복 당함을 보고 기뻐함이여 그의 발을 악인의 피에 씻으리로다.

여기에 표현되어 있는 소원, "네 칼을 도로 칼집에 꽂으라. 칼을 가지는 자는 다 칼로 망하느니라"(비교. 마 26:52)는 불의에 대항하는 정의의 성취에 대한 갈망이다. 여기서 이것은 의로운 자와 의인화된 악인의 담판으로 표현되고 있다. 우리는 예배 의식적 번역을 선택할 수 있다.

> 의인이 정의가 승리함을 보고 기뻐함이여 그의 악인의 힘이 무너짐을 경험하리로다.

결론: 원수시편에 대한 예배 의식적 해석은 원수시편에서 그들의 혼란스러움을 제거할 수 없다. 원수시편은 구원에 대한 신학적인 의미 때문에 또는 그 의미에도 불구하고 원수시편에서 경험하는 폭력과 고난이 의미하고 있는 충격과 가시를 인식해야 한다. 이

시편들을 예배 의식에서 재연하는 것은 파괴적인 공격성을 문화적으로 제어하는 데 기여할 수 있다. 물론 이것은 원수시편을 하나님의 손에 맡김으로써 가능하다.

3. 원수시편을 정경으로 낭독한다

원수시편은 기도의 교리적 교훈을 제시하는 것도 아니고 성서의 윤리에 대한 요약도 아니다. 그것은 폭력의 행위자를 폭로하는 시적인 기도이다. 폭력의 희생자들이 폭력의 행위자들에게 정의에 대한 외침을, 하나님의 징벌에 대한 외침을 말함으로써 인간의 존엄성을 지킬 수 있도록 하는 기도이다. 원수시편은 신성모독적인 폭력에 저항하는 기도자들이 원수들과 원수들에 대한 두려움을 폭력 없이 견디어 내도록 도울 수 있는 기도이다. 시편에 나타나고 있는 하나님에 의한 보복에 대한 전의(轉義)는 개인의 보복에 대한 포기를 내포하고 있다. 이것은 또한 원수시편이 전승하고 있는 성서 전체와 연관관계(Kontext)이다.

그러므로 원수시편은 또한 그들이 서 있는 이러한 정경의 전후관계(상황)에 관한 지식 속에서 낭독되어야만 한다. 다시 말하면 원수시편은 시편 전체와 성서 전체의 문학적인 관계 속에서 하나님께 그리고 하나님에 관한 다양한 찬양 속에 있는 '한 목소리로서' 관찰되고 평가되어야만 한다. – 개별시편으로서 원수시편은 그들의 결정적인 시점을 갖는다. 고난 당하는 자에게 탄원을 허용하지 않는 자는 그들에게 그들의 고난의 언어를 수용하지 않는 것이며 그것으로 인해 인간됨의 근본적인 행위를 허용하지 않는 것이다. 다른 한편으로 시편이 일정한 목적에 따라 탄원, 청원, 찬양, 감사, 회의, 지혜에 관한 명상 등 다양한 장르와 색체로 서로 나란히 존재하며 다양하게 관련되어 있다는 것을 생각할 수 있다. 시편을 수용하기 원하는 사람은 또한 인간 상황의 복잡한 관점을 수용해야만 한다. 그리고 인간의 삶의 깊이와 높이는 하나님과 함께 수용해야 한다. 정경의 시편을 낭독하는 경우 교회의 성무일도는 신학에서 아주 중요한 대리권과 연대 책임을 가진 시인의 사상을 구체적으로 보호할 수 있다.

실제적으로 정경으로서 성서의 의미는 지금까지 관찰을 통해 다음과 같이 두 가지 결론을 내릴 수 있다.

(1) 원수시편이 예배의식에서 재연되는 경우 일정한 목적을 가지고 정경 본문과 연결될 수 있는데, 이것은 원수시편을 이제 원수시편 자체를 넘어 정경 본문과의 연관 속에서 이해함으로써 가능하다. 만약 시편 136편, 137편, 138편의 순서에 따라 기도한다면 무엇보다도 시편 137편은 그 기도의 역동성을 펼칠 수 있다. "위대한 할렐" 시편 136편은 새로운 변화 속에서 성서적 하나님에 대한 소망을 선언하고 있다.

여호와께 감사하라 그는 선하시며 그 인자하심이 영원함이로다!

신들 중에 뛰어난 하나님께 감사하라 그 인자하심이 영원함이로다!

이스라엘의 태고-경험의 관점에서 시편 137편이 탄원하고 있는 고난의 경험은 우선 선한 하나님에 대한 외침으로 그들의 전체적으로 예리함을 이해할 수 있다. '이방인 속에서' 이스라엘은 선한 하나님에 관한 찬양을 정의와 공의에 대한 열망과 저항 외에 어떤 다른 것으로 노래할 수 있었을까? 그렇다. 하나님의 침묵과 관련하여 이스라엘은 벙어리가 될 수 없었다!!

우리가 바벨론의 여러 강변 거기에 앉아서 울었도다. …
우리가 이방 땅에서 어찌 여호와의 노래를 부를 수 있을까?

시편 138편에서 이스라엘의 '다윗'은 모세가 이스라엘에 선포한 '쉐마 이스라엘'에 대한 기억으로 입을 열고 있다.

이스라엘아 들으라!
여호와는 우리 하나님,
오직 유일한 여호와이시다.
그러므로 너는 네 하나님 여호와를 사랑하라
마음을 다하고
뜻을 다하고
힘을 다하여(신 6:4f.).

이러한 근본적인 고백을 시편 138편의 앞부분이 기억하고 있으며 동시에 시편 136편으로 곡선을 그리고 있다.

다윗의 시:
내가 전심으로 주께 감사하며
신들 앞에서 주께 찬송하리이다.
내가 주의 성전을 향하여 예배하며
주의 이름에 감사하오리니
주의 인자하심과 성실하심으로 말미암아 …(시 138:1–2).

(2) 정경의 시편기도가 갖는 다른 형식은 난해한 원수시편을 연관된 주제를 가진 시편과 대조적으로 배열한다. 그러므로 기도하는 공동체 안에는 기도를 강조하는 기도대화(Gebetsdialog)가 존재한다. 시편 137편을 예로 구체화할 수 있다. 시편 87편에 구상되어 있는 비전이 멸망에 대한 소망, "멸망할 딸 바벨론아 네가 우리에게 행한 대로 네게 갚는 자가 복이 있으리로다"(시 137:8f.; 참조 2절)와 대조적으로 비교될 수 있고, 그것에 따르면 '시온'은 삶과 평화의 중심이 되며 더욱이 바벨론은 이스라엘의 '전형적인' 원수가 되어야만 한다.

1a 여호와는 그의 터전을
1b 성산에 갖고 있음이여;

2a 여호와께서 야곱의 모든 거처보다
2b 시온의 문들을 사랑하시는도다.
3a 하나님의 성이여
3b 너를 가리켜 영광스럽다 말하는도다(셀라).

4a "나는 라합과 바벨론이
4b 나를 아는 자 중에 있다 말하리라;
4c 보라 블레셋과
4d 두로와 구스여:
4e 이것들도 거기서 났다 하리로다.
5a 시온에 대하여 어머니라 말하고
5b 이 사람, 저 사람이 거기서 났다고 말하리니"
5c 지존자가 친히 시온을 세우리라 하는도다.
6a 여호와께서 민족들을 등록하실 때에는 그 수를 세시며:
6b "이 사람이 거기서 났다 하시리로다"(셀라).

7a 노래하는 자와 뛰어 노는 자들이 말하기를:
7b "나의 모든 근원이 네게 있다" 하리로다.

시편 137편과 87편이 대화하는 기도로 재연되는 곳에서, 기도의 평화적이며 구원의 힘은 영향력 있게 '하나님의 복수'가 될 수 있다. 이 시편에서 인간의 폭력성과 하나님의 비폭력성이 서로 나란히 평행을 이루고 있기 때문에 불의와 고난은 대수롭지 않은 것으로 폄하할 수 없다. 그러나 '삶의 하나님'(Gott des Lebens)에게 최종적인 발언이 위임된다.

4. 새로운 기도언어와의 충돌

이미 위에서(비교. IV. 3) 인용된 그의 고별 연설에서 메츠(J. B. Metz)는 근본적으로 하나님의 위기일 수 있는 교회의 위기와 관련하여 성서의 잃어버린 언어의 회복을 주장했다.

"근본적인 위기는 근본적인 반응을 요구한다. 나의 제안은 오해의 소지가 없다. 나의 제안은 한편으로 너무 불손하고 다른 한편으로 너무 조심스럽다. 언제나 하나님에 관한 언어, 지금도 **하나님의 위기의 시간**에 하나님에 관한 언어이기를 항상 노력하는, 어느 것도 속이기를 원하지 않는 신-학(Theo-logie)은 어디로부터 발생하는가? 어디로부터 하나님에 관한 언어가 발생하는가? 이 언어는 어디에 근거를 두고 있는가? 혹시 고갈된 전통의 언어에? 책 또는 모든 책 중의 책 속에 있는 언어에? 교리 또는 다른 교회기관의 언어는? 우리 문학의 허구적 형상 언어에?(Bildersprache) 우리가 꾸는 꿈의 수수께끼 속에? 하나님에 관한 언어는 모든 경우 하나님을 향한 언어로부터 발생한다. 신학은 기도의 언어로부터 발생한다. 이것은 경건이다. 그러나 이것을 이해하지 못하는 자들은 정치 신학자인 내가 다시 한 번 경건한 자로, 경건한 종으로 변화된 것을 이상하게 여길 수 있다.

우리는 실망하지 않는다. 기도의 언어는 전문적인 신학의 언어보다 더 보편적일 뿐만 아니라, 즉흥적이며 역동적이며, 더욱더 반항적이며 급진적이다. 기도의 언어는 신학의 언어보다 더욱 불안하며 거칠고 거의 조화를 이루지 않는다. 그러나 기도의 언어 속에 천년의 종교 역사가 쌓여 함축되어 있다는 사실을 우리는 의식하고 있는가?(그리고 다신론 종교의 경우 사람들은 유일신교의 기도를 언급하고 있다.) 외침과 환호, 탄원과 찬양, 의혹과 슬픔, 최종적으로 말문이 막혀버리는 것들을 우리는 인식할 수 있는가? 우리는 성서 전통의 한 측면인 교회와 예배의식에 길들여진 기도의 언어에 얼마나 익숙한가? 욥의 탄원, **어느때까지입니까**, 천사와 야곱의 씨름, 하나님 아들의 고독한 외침은 신약성서의 마지막 언어인 마라나타와 어떤 관련성을 가지는가? 이러한 언어는 플라톤의 이데아적 언어보다 더욱 모순적이며 유연성과 적응력이 거의 없고 아주 집착성이 강하다. 그 안에서 신학은 그들의 현대적인 적응력을 추구하며, 그것을 통해 신학은 그들의 모든 재앙과 비정체성(Nichtidentität)에 대한 저항력(Verblüffungsfestigkeit)을 연습한다."[6]

6) J. B. Metz, *Gotteskrise*, 79f.

교회의 공적인 많은 기도 속에 '인간'이 존재하지 않기 때문에, '하나님'이 존재하지 않는다. – 하나님께서는 아직도 우리 인간이 강한 어조로 그를 향해 간청하기를 원하신다. 우리의 전통적인 예배의 언어는 불행히도 '아우쉬비츠에서' 그 순수성을 상실했다. 그러나 우리는 이 사실을 여전히 이해하지 못하고 있다. 원수시편 안에 있는 끊임없는 자극이, 사실상 지금처럼 모든 것이 그대로 지속될 수 있다고 믿는 기독교 신앙의 오류로부터 우리를 눈뜨게 할 수 있을까?

참고문헌

Althann, R. "The Psalm of vengeance aginst their Ancient Near Eastern Background," *JNWSL* 18, 1992, 1-11.

Brongers, H. A. "Die Rache- und Fluchpsalmen im Alten Teatament," *OST* 13, 1963, 21-42.

Dietrich, W. "Rache. Erwägungen zu einem alttestamentlichen Theama," *EvTh* 36, 1976, 450-472.

Ebach, J. "Der Gott des Alten Testaments -ein Gott der Rache?." ders., *Biblische Erinnerungen. Theologische Reden zur Zeit*. Bochum, 1993, 81-93.

Füglister, N. "Vom Mut zur ganzen Schrift. Zur Eliminierung der sogen. Fluchpsalmen," *Stimmen der Zeit* 184, 1969, 186-200.

Girard, M. "La violence de Dieu dans la bible juive: approche symbolique et interprétation theólogique," *Science et Esprit* 39, 1987, 145-170.

Hossfeld, F. L./Zenger, E. *Die Psalmen I. Psalm 1-50* (NEB.AT 29). Würzburg, 1993.

Keel, O. *Feinde und Gottesleugner. Studien zum Image der Widersacher in den Individualpsalmen* (SBM 7), Stuttgart, 1969.

Laney, J. C. "A fresh look at the Imprecatory Psalms," *Bibliotheca Sacra* 138, 1981, 35–45.

Lohfink, N. "Gewalt als Thema alttestamentlicher Forschung." ders., *Gewalt und Gewaltlosigkeit im Alten Testament* (QD 96), Freiburg, 1983.

______. "Der gewalttätig Gott des Alten Testaments und die Suche nach einer gewaltfreien Gesellschaft," *JBTh* 2, 1987, 106–136.

Maiberger, P. "Zur Problematik und Herkunft der sogenannten Fluchpsalmen," *TrThZ* 97, 1988, 183–216.

Miller, A. "Fluchpsalmen und israelitisches Recht," *Ang* 20, 1943, 92–101.

Ruppert, L. "Klagelieder in Israel und Babylonien–verschiedene Deutungen der Gewalt." N. Lohfink(Hrsg.). *Gewalt* (s.o.), 130–158.

______. "Art. Fluch– und Rachepsalmen," *NBL* I, 685f.

Schilling, O. "Noch einmal die Fluchpsalmen," *ThGl* 47, 1957, 177–185.

Schmid, R. "Die Fluchpsalmen im christlichen Gebet," *Theologie im Wandel*. FS der Kath.– Theol. Fakultät Tübingen, München, 1967, 367–393.

Schulz, H. "Zur Fluchsymbolik in der altisraelitischen Gebetsbeschwörung." Symbolon N. F. 8, 1986, 35–59.

Sommerfeld, W. "Flüche und Fluchfomeln als Quelle für die altorientalische Kulturgeschichte." FS K. Bergerhof (AOAT 232). Kevelaer/Neukirchen, 1993, 447–463.

Stadelmann, L. I. J. "As maldicoes nos salmos." Persp. Teol 20, 1988, 317–338.

Vervenne, M. "Satanic Verses? War and Violence in the Bible." R. Burggraeve/

M. Vervenne(Hrsg.). *Swords into plowshares. Theological Reflections on Peace*. Louvain, 1991, 65–126.

Warnecke, R. "Die Rachepsalmen," *EvErz* 14, 1962, 369–384.

Wyss, S. *Fluchen. Ohnmächtige und mächtige Rede der Ohnmacht*. Freibourg, 1984.

Zenger, E. *Mit meinem Gott überspringe ich Mauern. Einführung in das Psalmenbuch*. Freiburg, 1993.

______. *Ich will die Morgenröte wecken. Psalmenauslegungen*. Freiburg, 1991.

지은이 | **에리히 쨍어(Erich Zenger)**

에리히 쨍어는(1939. 7. 돌른쉬타인-2010. 4. 4 뮌스터) 1958년 이후 로마, 예루살렘, 하이델베르크, 뮌스터 그리고 뷔르츠부르크에서 철학(1961년)과 신학(1965년), 동양학을 공부했다. 그는 1971년 아이히슈테트 대학 교수로 임명된 후 1973년부터 2004년까지 베스트팔렌의 빌헬름 뮌스터 대학 구약 교수였다. 주요 저술로는 *Durchkreuztes Leben. Hiob, Hoffnung für die Leidenden*(1982), *Die Psalmen I. Psalm 1-50*(1993), *Psalmen 51-100*(2007), *Psalmen. Auslegungen 1-4*(2008) 외에 많은 논문이 있다. 특별히 *Einleitung in das Alte Testament*은 성서학에서 중요한 기본 학술 서적이다.

옮긴이 | **이일례**

서울신학대학교(B. A.)
연세대학교 연합신학대학원(Th. M.)
독일 보쿰루르 대학(Dr. theol.)

Das Gottesbild der leidenden Israeliten: Monotheismus und Theoldizeefrage in ausgewählten Klagepsalmen des Einzelnen(Peter Lang Verlag-Europäische Hochschulschriften Reihe XXIII Theologie Bd. 937, 2013)

"룻기 1:8b에 나타난 룻의 선행의 성격과 'כַּאֲשֶׁר עֲשִׂיתֶם'의 우리말 번역을 위한 제언-룻기 3:10의 hesed 이해를 중심으로-", 「성경원문연구」(2012)